Das neue Diabetiker-Backbuch

Rezepte für die ganze Familie

Das neue Diabetiker-Backbuch

Britta Macho
Tina Schlag

av BUCH

Inhalt

Rezepte

Britta Macho
Dipl. oec. troph.

Tina Schlag
Dipl. oec. troph.

Vorwort

Liebe Leserinnen, liebe Leser!
Naschen erzeugt generell bei den meisten Menschen zunächst eines: ein schlechtes Gewissen. Was süß anmutet, gilt auch als sündig. Für Menschen mit der Diagnose Diabetes ist Zucker überhaupt als Tabu tradiert. Doch die Zeiten haben uns gelehrt: Geschmack ist trainierbar. Das Verlangen nach Süßem ist zwar tief in der Seele der Menschheit verankert, doch ausschlaggebend für einen gesteigerten Appetit ist vor allem der häufig wiederholte Genuss diverser Speisen. Fazit ist: Die Dosis macht das Gift, kleine Mengen Zucker sind für alle durchaus erlaubt. Wir haben sie wohldosiert in originelle Backideen einfließen lassen. Für Typ-1-Diabetiker haben wir die Zuckermengen nach Broteinheiten berechnet ausgewiesen. Pflanzliche Fette, Vollkorngetreide und viel Obst lassen Kuchen, Torten, Kekse & Co zu einem Fest für die Sinne werden – selbst ohne Einsatz spezieller Diabetikerprodukte. Dieses Buch ist eine Hommage an Oma Hannas Geburtstagskaffee-Einladungen. Sie liebte Kuchen und Gebäck, versuchte sich aber stets zu disziplinieren, da sie Typ-2-Diabetes hatte. Aus einem Eckchen Kuchen wurde bei ihr am Ende häufig doch ein ganzes Stück. Wie gern würden wir sie heute zum Kaffeetrinken einladen! Genuss ist das halbe Essvergnügen, starre Regeln verführen erwiesenermaßen dazu, sie erst recht zu brechen. Sinnvolle Veränderungen der Ernährungsgewohnheiten bringen viele positive und auch spannende Aspekte: Neue Geschmackserlebnisse steigern in jeder Hinsicht die Lebensqualität.

Probieren Sie selbst – und lassen Sie es sich einfach gut schmecken!

Wussten Sie schon …

… warum Diabetes einen regelrechten Hype auslöst?

Etwa 10 % der Bevölkerung in Deutschland und Österreich sind mittlerweile an Diabetes erkrankt, Tendenz steigend. Damit einhergehend erhöht sich auch das Risiko auf Folgeerkrankungen wie Schlaganfälle, Herzinfarkte, Nervenschäden und Nierenerkrankungen. Die Früherkennung und eine entsprechende Behandlung sind daher unerlässlich. Auch die Forschung nimmt einen immer höheren Stellenwert ein. Erst kürzlich wurden Gene entdeckt, die mit der Zuckerregulation im menschlichen Körper in näherem Zusammenhang stehen. Daraus entwickelte Therapieansätze stecken allerdings noch in den Kinderschuhen. Regelmäßige Kontrolltermine beim Arzt, Ernährungsberatung beim Diabetologen und die Teilnahme an speziellen Schulungen helfen mit, Folgekrankheiten nachhaltig zu vermeiden. Auch die Veränderung des persönlichen Lebensstils hat bei Menschen, die an Diabetes mellitus erkrankt sind, positive Konsequenzen: Die Lebensqualität verbessert sich erheblich. Es gilt, ausreichend körperliche Bewegung und eine ausgewogene Ernährung als Basis im täglichen Leben zu verankern, denn das harmonische Zusammenspiel und Wohlbefinden von Geist und Körper spielen beim erfolgreichen Meistern der eigenen Krankheit eine ganz wesentliche Rolle.

Das Zauberhormon Insulin

Das komplexe Wechselspiel zwischen Kohlenhydraten, Blutzucker und Insulin bestimmt die Leistungsfähigkeit unseres Körpers. Durch das Verbrennen von Kohlenhydraten – unter anderem aus: Getreide, Hülsenfrüchten, Kartoffeln, Nudeln, Milch, Obst, Haushaltszucker … – wird lebensnotwendige Energie gewonnen. Im Zuge der Verdauung werden die Kohlenhydrate in ihre kleinste Einheit, z. B. Traubenzucker, gespalten und über den Darm in die Blutbahn aufgenommen. Sobald sich Traubenzucker im Blut befindet, produziert die Bauchspeicheldrüse das Hormon Insulin, das den Traubenzucker in die Zellen transportiert und somit die Leistungskapazität von

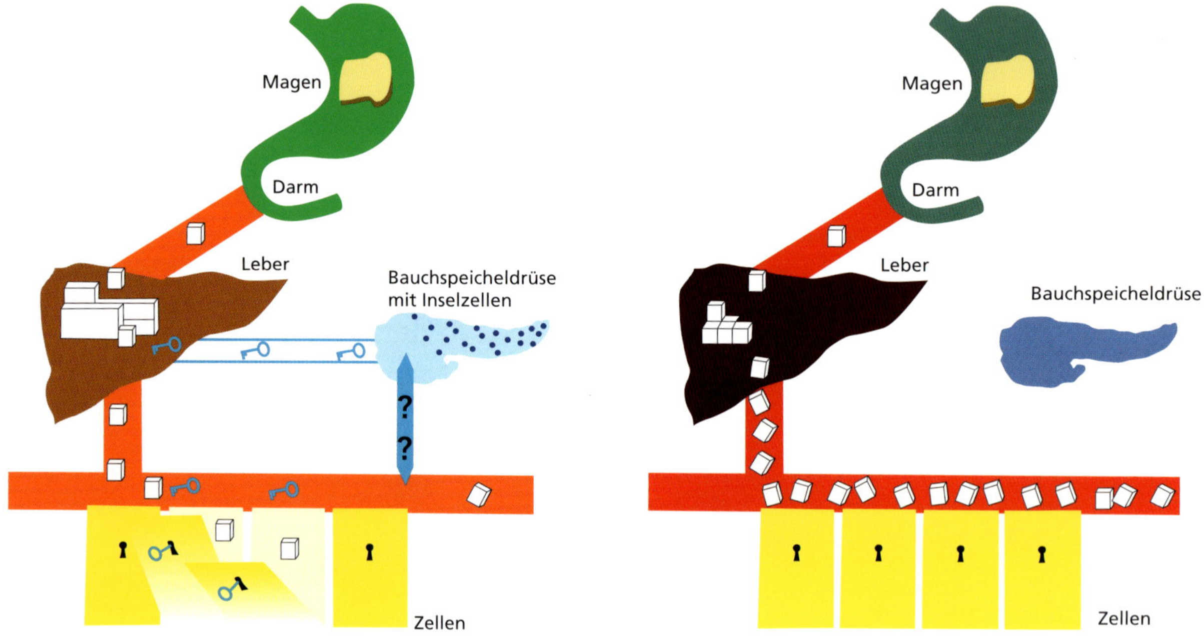

Kreislauf: **Gesunder Mensch**
Zucker wird durch das Insulin aus der Bauchspeicheldrüse in die Zelle befördert

Diabetiker
Zucker sammelt sich in der Blutbahn an.

Muskeln, Organen und Gehirn fördert. Ist der Kreislauf dieses Systems gestört, wie bei Typ-1-Diabetes, und die Insulinproduktion der Bauchspeicheldrüse unterbunden, kann der Traubenzucker nicht mehr in die Zellen aufgenommen werden. Folglich sammelt er sich im Blut und der Blutzucker steigt über die sogenannte Nierenschwelle an: Zucker wird dann über den Urin ausgeschieden, was über längere Zeit zu Nierenschäden führen kann. Bei einem Typ-2-Diabetiker kann Insulin seine Wirkung nicht vollständig entfalten. Der Körper reagiert mit Kraftlosigkeit, schlechter Wundheilung, übermäßigem Durst und gesteigertem Harndrang.

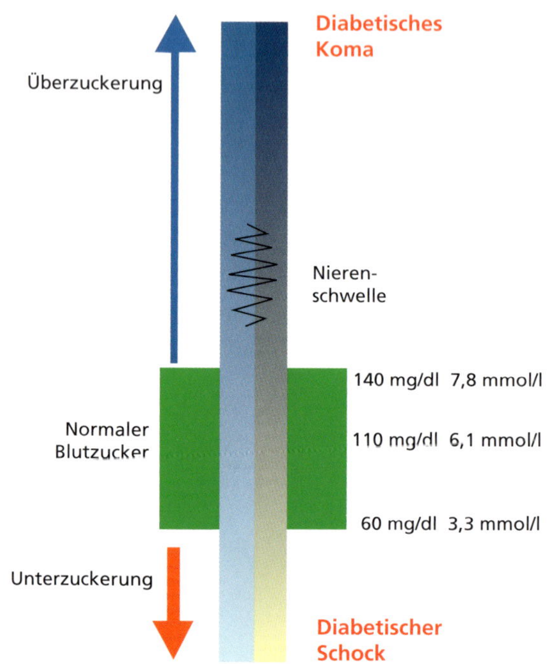

Nierenschwelle 160–180 mg/dl

Diabetes Typen

Diabetes Typ-1

Dieser Typus tritt meist schon im Kindes- oder Jugendalter als Folgeerscheinung einer Autoimmunerkrankung auf, bei der die Insulin produzierenden Zellen der Bauchspeicheldrüse komplett zerstört wurden. Die Folge ist ein absoluter Insulinmangel.

Diabetes Typ-2

Diese Diabetesform – bekannt als sogenannter „Altersdiabetes" – betrifft immer häufiger auch junge Menschen. Bei diesem Typ produziert die Bauchspeicheldrüse nur noch ein gewisses Quantum Insulin. Allerdings ist entweder seine Wirksamkeit beeinträchtigt, oder es reicht nicht aus, um den Blutzucker in der entsprechenden Norm zu halten. Ein ständig erhöhter Blutzucker zieht Folgeschäden wie Durchblutungsstörungen, Schädigung von Augen, Nieren und Nerven nach sich. Mithilfe des HbA1c wird der Blutzuckerspiegel gemessen. Sein Maß bezieht sich auf die Blutzuckereinstellung der letzten acht Wochen. Es gilt: Je höher der Wert, desto höher der Blutzucker.

Zielwerte

Blutglucose	mg/dl (mmol/l)
Nüchtern/Vor dem Essen	90–120 (5,0–6,7)
1–2 Stunden nach dem Essen	130–160 (7,2–8,9)
Vor dem Schlafengehen	110–140 (6,1–7,8)
HbA1c	<6,5 % entspricht einem Blutzucker von unter 130 mg/dl

Therapie

Für Typ-1-Diabetiker ist es essenziell, den nötigen Insulinbedarf gezielt auf die Mahlzeiten abzustimmen. Hilfreich ist ein Diabetespass oder das Führen eines Tagebuchs, um die Blutzuckerentwicklung beobachten zu können. Die genaue Kenntnis des eigenen Körpers ist für eine gute Insulineinstellung unumgänglich und unterstützt den gekonnten Umgang mit der Bestimmung des eigenen Blutzuckers.

Bei einem Typ-2-Diabetiker ist eine Veränderung des persönlichen Lebensstils von größter Bedeutung. Freilich lassen sich durch Medikamente die Blutzuckerwerte kontrollieren, doch Aussicht auf mehr Lebensqualität verspricht erwiesenermaßen die Kombination aus ausgewogener Ernährung und ausreichend körperlicher Bewegung. Bei Übergewicht sollte die Abnahme von ein paar Kilogramm Körpergewicht oberste Priorität haben. Das Ziel der Therapie ist abhängig von Typus, Alter, körperlicher Verfassung und eventuellen, bereits vorhandenen Folgeerkrankungen.

Es kann daher nur individuell bestimmt werden. Der Fokus zielt auf eine optimierte Lebensqualität und die langfristige Vermeidung von Folgeerkrankungen.

Verantwortlich dafür sind:

- Normnahe Blutzuckerspiegel
- Günstige HbA1c-Werte (<6,5 %)
- Optimale Blutfette:

Lipide	mg/dl (mmol/l)
Gesamtcholesterin	<170 (<4,4)
HDL-Cholesterin	>40 (>1,0)
LDL-Cholesterin	<100 (<2,5)
Triglyzeride (nüchtern)	<150 (<1,7)

- Normaler Blutdruck: optimal <120/<80 mm/Hg, normal <130/<85 mm/Hg
- Ideales Körpergewicht Zielwerte: Body Mass Index 20–25 und Taillenumfang. Erhöhtes Risiko für Herz-Kreislauf-Erkrankungen:

Risiko	Taillenumfang Männer	Taillenumfang Frauen
leicht erhöht	>94 cm	>80 cm
stark erhöht	>102 cm	>88 cm

Kohlenhydrate und Blutzuckerwirkung

Broteinheiten, glykämischer Index und glykämische Last

Eine Broteinheit entspricht etwa 10–12 g Kohlenhydraten. Diese systematische Einteilung bietet Typ-1-Diabetikern einen guten Anhaltspunkt, um die Insulingabe ideal auf die Ernährung abstimmen zu können und den Blutzuckerspiegel möglichst im Normbereich zu halten.
Zu den Kohlenhydraten zählen Produkte aus folgenden Lebensmittelgruppen: Obst und Gemüse, Kartoffeln, Teigwaren, Getreideprodukte, Hülsenfrüchte, Milch und Milchprodukte.
Kohlenhydrate (KH) werden in Bezug auf den Blutzucker sehr unterschiedlich gewertet: Gemüse wird bei kohlenhydratarmen Gemüsesorten (weniger als 6 g/100 g) und bei einem mittleren Gehalt (6–12 g/100 g–200 g/Portion) überhaupt nicht, Hülsenfrüchte nur zur Hälfte berechnet. Grund dafür ist ihre geringe Blutzuckerwirkung bei gleichzeitig hohem Kohlenhydratanteil.

Weitere Möglichkeiten, die Blutzuckerwirkung von Kohlenhydraten zu bewerten, bieten glykämischer Index (GI) und glykämische Last (GL). Der GI gibt an, wie sich der Blutzuckerspiegel nach dem Verzehr von 50 g Kohlenhydraten aus Lebensmitteln im Vergleich zu Traubenzucker entwickelt.

aid-Ernährungspyramide
Täglich nach dem 6-5-4-3-2-1-Prinzip auswählen:

1 Portion Extras (Süßes, fette Snacks und Alkohol)
2 Portionen Fette und Öle
3 Portionen Milch und Milchprodukte + 1 Portion Fleisch, Wurst, Fisch oder Ei
4 Portionen Brot, Getreide und Beilagen
5 Portionen Gemüse, Salat und Obst
6 Portionen Getränke

Idee: Sonja Mannhardt, © aid infodienst

Der GL umfasst Qualität und Quantität und bezieht sich auf den tatsächlichen Kohlenhydratgehalt eines Lebensmittels. Eine Wassermelone und ein Stück Weißbrot besitzen zwar jeweils einen etwa gleich hohen GI, bemisst man jedoch den Kohlenhydratanteil pro Portion, schneidet die Wassermelone besser ab.

Hilfsmittel zur Bewertung des GI und der GL

Die GL berechnet sich aus dem Produkt des GI und der Kohlenhydratmenge (in g) pro Portion eines Lebensmittels. Verglichen mit einer Scheibe Weißbrot, hat ein Stück Wassermelone einen GI von 72. Eine Portion von 120 g liefert 6 g verwertbare Kohlenhydrate.

$$GL = \frac{GI}{100 \times KH\ pro\ Portion}$$

GL Wassermelone = 72 geteilt durch 100 x 6 g = 4.
Weißbrot besitzt einen GI von 70. Eine Portion von 30 g liefert 14 g Kohlenhydrate. Daraus ergibt sich im Vergleich eine GL von 10. GL Weißbrot = 70 geteilt durch 100 x 14 g = 10.
Empfohlen werden Lebensmittel mit einem niedrigen glykämischen Index und mit geringer glykämischer Last. Die Blutzuckerwirkung hängt von der Art der Kohlenhydrate ab. Je höher der Anteil an Mehrfachzuckern (Stärke), desto besser für den Blutzuckerwert: Dieser Zucker muss erst in seine kleinsten Bestandteile (Traubenzucker) gespalten werden und gelangt somit nicht sofort ins Blut.
Kohlenhydrate werden aber meist in Kombination mit Eiweiß, Fett und Ballaststoffen verzehrt, die den Zustand des Blutzuckerspiegels ebenfalls beeinflussen. Sie verlangsamen die Aufnahme von Zucker in die Blutbahn. Dieses Phänomen wird weder bei der Angabe der Broteinheiten (BE) noch bei den Methoden des GI und GL berücksichtigt. Wir verwenden in unseren Rezepten ballaststoffreiche Lebensmittel und Vollkornmehl, um den Ballaststoffanteil zu heben und gleichzeitig seine Wirkung im Blutzucker zu senken.
Alle Rezepte wurden speziell für Typ-1-Diabetiker nach BE und den Hauptnährstoffen berechnet. Typ-2-Diabetiker ohne Insulingabe können diese Angaben jedoch vernachlässigen. Generell gilt: Ein ausgewogener Speiseplan erlaubt hin und wieder auch eine süße Nascherei.

	Glykämischer Index	Glykämische Last
hoher	70–100	über 20
mittlerer	56–69	11–19
niedriger	unter 55	unter 11

Glykämischer Index und Glykämische Last

Lebensmittel	GI	übliche Portionsgröße in Gramm	KH Menge pro Portion in g	GL
Ananas	59	120	13	7
Apfel	38	120	15	6
Apfelsaft	40	250	28	11
Banane	52	120	24	12
Birne	38	120	11	5
Chips	54	50	21	11
Cornflakes	81	30	26	21
Croissant	67	57	26	17
Fanta	68	250	34	23
Kidneybohnen (Dose)	52	120	17	9
Kiwi	53	120	12	6
Muffins mit Äpfeln, ohne Zucker	48	60	19	9
Muffins mit Äpfeln, mit Zucker	44	60	29	13
Müsli	55	30	19	10
Orange	42	120	11	5
Pudding	44	100	16	7
Schokoriegel	65	60	40	26
Spaghetti (gekocht)	44	180	48	21
Vollkornspaghetti (gekocht)	37	180	42	16
Vollmilch	27	150	26	9
Weintrauben	46	120	18	8
Weißbrot	70	30	14	10
Weizenvollkornbrot	71	30	13	9
Zuckermais (gegart)	54	80	17	9

Quelle: *Foster-Powell, K.; Holt, S. H. A.; Brand-Miller, J. C.:* International table of glycemic index and glycemic load values: 2002. Am. J. Clin. Nutr. *76:* 5-56 (2002).

Auf den süßen Geschmack gekommen

Süßigkeiten gelten gemeinhin als Schlemmerei. Die gute Nachricht lautet: Ausgehend von der aid-Ernährungspyramide darf einmal pro Tag genascht werden.
Der Genuss von Gebäck und Kuchen wird jedoch gern von einem schlechten Gewissen begleitet. Faktum ist: Süßigkeiten enthalten viele „leere" Kalorien. Doch das Gedächtnis unserer Geschmackserkennung reicht weit über das Zählen einzelner Kalorien hinaus.
Die Präferenz für Süßes ist bereits bei Babys genetisch angelegt. Kein Wunder: Gibt es doch nichts Süßes, das giftig ist. Dieser folglich als „Sicherheitsgeschmack der Evolution" bezeichnete Ursinn hat sich allerdings mit unseren Geschmacksgewohnheiten im Lauf der Zeit durch kulturelle und soziale Einflüsse entwickelt und verändert. Auch der häufige Einsatz von Süßigkeiten als Belohnung, beziehungsweise deren Entzug als Bestrafung hat sich in unserem Gesellschaftssystem fest verankert. Doch Verbotenes wird per se erst recht interessant. Süßes strikt meiden zu müssen, steigert das Verlangen danach automatisch. Allein, der häufige Verzehr bestimmter Lebensmittel führt zum „Mere–Exposure-Effekt". Dieser besagt, dass eine Speise nicht etwa deshalb ausgewählt wird, weil sie besonders bekömmlich ist, sondern weil ihr Verzehr bereits zur Gewohnheit wurde. Daher ist das mehrmalige Ausprobieren neuer Speisen besonders sinnvoll und das erste Geschmackserlebnis nicht immer ausschlaggebend. Wer Kuchen und Gebäck nur als süß kennt, wird mit den vorliegenden Rezepten garantiert auf einen ganz neuen Geschmack kommen.

Süßungsmittel

Wir haben bei unseren Rezepten grundsätzlich auf den Einsatz von Süßstoffen und Zuckeraustauschstoffen verzichtet. Süßer Geschmack ist aus unserer Sicht tatsächlich „reine Geschmackssache". Auf Wunsch kann man ergänzend zu unseren Vorschlägen auch Süßungsmittel einsetzen – sie bieten immer eine einfache und logische Alternative zu Zucker. Wir empfehlen aber, die Rezepte zuerst einmal ohne zusätzliche Süße auszuprobieren: Überraschen Sie sich selbst!

Unterschiede zwischen Süßstoffen und Zuckeraustauschstoffen

	Süßstoffe	Zuckeralkohole	Fruchtzucker
Energie	praktisch keine Energie	2,4 kcal/Gramm	4 kcal/Gramm
Süßkraft im Vergleich zu Zucker	30 : 3000	0,4–1,0	1,2
Einfluss auf den Blutzuckerspiegel	keinen	gering	gering
Einfluss auf das Verdauungssystem	keinen	können abführend wirken	neutral

Wer dennoch das Verlangen nach Mehr hat, findet nachstehend ein Angebot aus Süßstoffen und Zuckeraustauschstoffen.

Süßstoffe

Süßstoffe gehören zu den Lebensmittelzusatzstoffen. Sie finden als Ersatz beziehungsweise zur Reduktion des Zuckereinsatzes häufig Verwendung. In Studien wurde für jeden Süßstoff der sogenannte „ADI-Wert" ermittelt. Dieser gibt jene tolerierbare Menge pro Tag an, die, in Milligramm pro Kilogramm Körpergewicht angegeben, gesundheitlich unbedenklich ist. Der Einsatz von Süßstoffen ist vielfältig. Sie werden vorzugsweise auch miteinander kombiniert, um ihren speziellen, oftmals gewöhnungsbedürftigen Eigengeschmack abzurunden. Süßstoffe lassen sich aufgrund ihrer geringen Masse nicht wie Zucker verarbeiten und sind zum Backen nur bedingt geeignet.

Süßstoffe machen übrigens nicht automatisch schlank, sondern sollten bewusst in einen gesunden Ernährungsplan integriert werden. Für Diabetiker sind sie beispielsweise in Getränken

Von der EU zugelassene Süßstoffe

Süßstoffe	Besonderheiten	Anwendungsmöglichkeiten
Acesulfam-Aspartamsalz (E 962)	sehr gut wasserlöslich, schmeckt wie Zucker, Pulver sehr stabil	Trockenprodukte und Tafelsüße
Acesulfam-K (E 950)	hitzebeständig	zuckerfreie Bonbons, Backmischungen
Aspartam (E 951)	sehr instabil, guter Geschmack, verliert beim Erhitzen an Süßkraft	verstärkt und intensiviert Aromen
Cyclamat (E 952)	sehr hitze- und gefrierbeständig, wasserlöslich	häufig in Kombination mit anderen Süßstoffen, besonders Saccharin
Neohesperidin C (E 959)	mentholartiger Geschmack; kann bitteren Geschmack unterdrücken	Arzneien (Tropfen, Sirup, Brausetabletten)
Neotam (E 961)	hitzebeständiger und süßer als Aspartam	verstärkt und intensiviert Aromen
Saccharin (E 954)	hitzebeständig; in Kombination mit Cyclamat	Getränke und kalorienreduzierte Lebensmittel
Sucralose (E 955)	hitzebeständig, sehr gut wasserlöslich	Getränke und kalorienreduzierte Lebensmittel
Thaumatin (E 957)	lakritzartiger Geschmack	Kombination mit anderen Süßstoffen

sinnvoll. Man erhält sie in Form von Tabletten, Streusüße oder Flüssigsüße. In klinischen Studien wurde – entgegen dem vorherrschenden Verdacht – nachgewiesen, dass Süßstoffe beim Menschen keine Heißhungerattacken auslösen. Sie haben auch keinen Einfluss auf die Insulinausschüttung im Blut oder auf die Blutglukosekonzentration. Die Insulinproduktion wird ausschließlich durch den Blutzuckerspiegel und keineswegs durch Geschmackssignale von den Zungenpapillen beeinflusst.

Zuckeraustauschstoffe

Zu den Zuckeraustauschstoffen zählen im allgemeinen Fruchtzucker und Zuckeralkohole wie Sorbit, Xylit, Mannit, Isomalt, Maltit, Lactit. Zuckeralkohole werden aus verschiedenen Einfach- und Zweifachzuckern gewonnen. Ursprünglich war man auf der Suche nach einem Zuckerersatz, der unabhängig vom Insulin verstoffwechselt werden kann, ohne den Blutzucker ansteigen zu lassen.
Heute werden Zuckeraustauschstoffe meistens anstelle von Haushaltszucker in Diabetikersüßwaren verwendet. Diabetikerprodukte besitzen im Vergleich zu normalen Süßwaren meist ähnlich viele Kalorien. In Maßen genossen führt Haushaltszucker in verpackter Form gegenüber Zuckeraustauschstoffen zu keinem höheren Blutzuckeranstieg.
Zuckeraustauschstoffe haben eine ähnliche Süßkraft wie Zucker (tendenziell eher niedriger). Mit Ausnahme von Fruchtzucker liefern sie jedoch weniger Kalorien. In größeren Mengen können sie zu unerwünschten Nebenwirkungen (wie z. B. Diarrhöe) führen, bei regelmäßigem Verzehr tritt diesbezüglich jedoch der Gewöhnungseffekt ein. Für Zuckeraustauschstoffe gibt es keinen ADI-Wert. Ihre Verwendung erfolgt nach einem einfachen Grundsatz: So wenig wie möglich, nur so viel wie nötig.
In der Diabetikerernährung wird Fruchtzucker immer zu den Zuckeraustauschstoffen gezählt, obwohl er lebensmittelrechtlich nicht zu ihnen zählt.

Zuckeralkohole	Süßkraft	Herkunft
Sorbit	0,5	Stärke
Xylit	1,0	Xylose
Mannit	0,7	Glucose
Isomalt	0,5	Saccharose
Maltit	0,7	Stärke
Lactit	0,4	Laktose

Wissenswertes in Kürze

Stevia
Stevia ist ein natürlicher Süßstoff, der aus der gleichnamigen Pflanze gewonnen wird. Er ist etwa 300-mal süßer als Haushaltszucker. Da seine unbedenkliche Verwendung bisher noch nicht eindeutig geklärt ist, ist Stevia in Österreich und Deutschland bis jetzt nicht zugelassen. (Stand April 2010)

Lightprodukte
Hinter dem Begriff „light" verbirgt sich die Einsparung eines bestimmten Stoffes wie z. B. Zucker, Fett oder Alkohol. Die Bezeichnung erzeugt fälschlicherweise den Eindruck, mehr vom ursprünglich „Verbotenen" essen oder trinken zu dürfen. Wir empfehlen die Auswahl herkömmlicher Lebensmittel. Essen in Maßen ist der wahre Genuss.

Welche Rolle spielen Fette in der Diabeteskost?
Immer mehr Diabetiker leiden an Herz-Kreislauf-Erkrankungen. Der Verzehr überwiegend pflanzlicher Fette beugt der Entstehung von Arteriosklerose vor. In unseren Rezepturen haben wir deshalb die Verwendung tierischer Fette (Butter, Sahne) gezielt durch den reduzierten Einsatz pflanzlicher Fette (Rapsöl) ersetzt.

Ballaststoffe
Früher glaubte man gemeinhin, dass Ballaststoffe nicht verdaut werden und reinen Ballast darstellen. Heute weiß man, wie nützlich Ballaststoffe sind. Sie verlangsamen nicht nur die Aufnahme von Zucker ins Blut, sondern wirken zusätzlich auch sättigend.

Diabetikerprodukte
Sie sind oft nicht nur teuer, sondern verfügen auch über keinen besonderen Nutzen: Spezielle Diabetikerprodukte sind in jeder Hinsicht überbewertet. Wir empfehlen den wohldosierten Genuss von Süßigkeiten mit Zucker. Bei Gewichtsproblemen müssen immer auch der Fettanteil und die Kalorien berücksichtigt werden!

GRUNDREZEPT

Biskuitteig

Menge für 1 Ei

Zutaten

1 Ei
10 g Zucker
20 g Vollkornmehl

Zubereitung

Das Backrohr auf 200 °C vorheizen. Ei und Zucker etwa 7 Minuten schaumig schlagen, bis die Masse hellgelb ist. Danach vorsichtig das Mehl unterheben und bei 200 °C laut jeweiliger Rezeptangabe backen.

Tipp

Vor der Zubereitung des Teigs immer schon die Backformen vorbereiten oder das Blech mit Backpapier auslegen.

Biskuitteig

Der schnellste und unkomplizierteste unter allen Teigen. Ich liebe die Biskuitomeletten, vor allem wenn sich Überraschungsbesuch ankündigt – im Obstteller findet sich immer etwas für die leichte Fülle.

Britta Macho

Löffelbiskuit/Biskotten

25 Stück

Zutaten
2 Eier
20 g Zucker
40 g Vollkornmehl

Backpapier für das Blech
1 Spritzsack

Zubereitung

Das Backrohr auf 180 °C vorheizen. Ein Backblech mit Backpapier auslegen.

Eier und Zucker 7 Minuten schaumig schlagen, bis die Masse hellgelb ist. Danach vorsichtig das Mehl unterheben.

Den Biskuitteig in einen Spritzsack füllen. Löffelbiskuit in typischer Form in ca. 8 cm Länge auf das Backblech spritzen und 15 Minuten im Rohr backen.

Danach weitere 5 Minuten im ausgeschalteten Rohr stehen lassen.

Nährwertangaben	Pro 100 g	Pro Stück (7 g)
Brennwert	903 kJ/216 kcal	63 kJ/15 kcal
Eiweiß	11,0 g	0,8 g
Kohlenhydrate	24,9 g	1,7 g
Fett	7,9 g	0,6 g
Broteinheiten	2,1 BE	0,1 BE
Cholesterin	274,7 mg	19,2 mg

Feiner Apfelkuchen

10 Stück =
Springform mit 24 cm Durchmesser

Zutaten
3 Äpfel
90 g Vollkornmehl
1 TL Backpulver
3 Eier
30 g Zucker

Fett und Mehl für die Form
1 EL Zucker mit etwas Zimt zum Bestreuen

Zubereitung
Eine Springform befetten und bemehlen. Das Backrohr auf 180 °C vorheizen.

Mehl und Backpulver vermengen, aus Zutaten für den Teig nach dem Grundrezept einen Biskuitteig bereiten. Äpfel schälen, das Kerngehäuse entfernen und grob geraspelt unter den Teig heben.

Die Masse in die befettete und bemehlte Springform füllen und bei 180 °C im Rohr 20 Minuten backen.

Vor dem Servieren mit der Zucker-Zimt-Mischung bestreuen.

Tipp

Der Kuchen kann vor dem Backen zusätzlich mit einigen Apfelscheiben oder nach dem Backen mit Beeren der Saison belegt werden.

Nährwertangaben	Pro 100 g	Pro Stück (69 g)
Brennwert	565 kJ/135 kcal	390 kJ/93 kcal
Eiweiß	4,9 g	3,4 g
Kohlenhydrate	20,8 g	14,4 g
Fett	3,4 g	2,3 g
Broteinheiten	1,7 BE	1,2 BE
Cholesterin	106,9 mg	73,7 mg

Joghurttorte mit Zitronenverbene und Erdbeeren

16 Stück = Springform mit 24 cm Durchmesser

Zutaten
Teig
2 Eier
20 g Zucker
40 g Vollkornmehl

Joghurtmasse
500 g Naturjoghurt 1 %
4 EL Honig
1 Bund Zitronenverbenenblätter (alternativ: Zitronenmelisse)
8 Blatt Gelatine

1 EL Erdbeermarmelade (3 : 1)

Belag
500 g Erdbeeren
1 EL Honig, flüssig

Fett und Mehl für die Form
Backpapier zum Auslegen für den Rand

Zubereitung

Die Springform befetten und bemehlen, das Backrohr auf 200 °C vorheizen.

Zutaten nach dem Grundrezept zu einem Biskuitteig verarbeiten und 10 Minuten im Rohr backen. Tortenboden auskühlen lassen.

In der Zwischenzeit die Gelatineblätter 10 Minuten in kaltem Wasser einweichen. Zitronenverbenenblätter waschen, fein hacken und mit Joghurt und Honig verrühren. Gelatine aus dem Wasser nehmen, in einem Topf bei geringer Hitze schmelzen lassen und mit dem Joghurt verrühren.

Aus Backpapier ein 10 cm breites Band falten, die Ränder der Springform damit auskleiden, die Enden mit Klammern fixieren.

Den Tortenboden mit Erdbeermarmelade bestreichen, Joghurt einfüllen und die Torte für mindestens 3 Stunden kalt stellen.

Erdbeeren waschen, putzen und, je nach Größe, eventuell halbiert auf der Torte verteilen. Mit flüssigem Honig überziehen und mit einigen Zitronenverbenenblättern dekorieren.

Nährwertangaben	Pro 100 g	Pro Stück (75 g)
Brennwert	404 kJ/96 kcal	303 kJ/72 kcal
Eiweiß	4,4 g	3,3 g
Kohlenhydrate	14,8 g	11,1 g
Fett	1,8 g	1,3 g
Broteinheiten	1,2 BE	0,9 BE
Cholesterin	42,7 mg	32,0 mg

Info
Wenn Gelatine zu heiß wird, verliert sie ihre Gelierkraft!

Schokoladenbiskuit mit Himbeeren

16 Portionen = Springform mit 24 cm Durchmesser

Zutaten

Teig
3 Eier
30 g Zucker
60 g Vollkornmehl
15 g Kakaopulver
1 Messerspitze Backpulver

Belag
2 EL Himbeermarmelade
250 g Himbeeren
1 Pkg. Tortenguss
1 EL Zucker
250 ml Wasser
Zitronenmelissenblätter

Fett und Mehl für die Form

Zubereitung

Das Backrohr auf 200 °C vorheizen, Springform befetten und bemehlen. Mehl, Backpulver und Kakao gut vermengen und mit den übrigen Zutaten einen Biskuitteig nach dem Grundrezept zubereiten. Die Masse in die Springform füllen und bei 200 °C 15 Minuten backen.

Biskuit in der Springform gut auskühlen lassen, mit der Himbeermarmelade bestreichen.

Früchte und Kräuter waschen und mit einem Küchenpapier vorsichtig trocken tupfen. Blätter gleichmäßig am Rand des Tortenbodens auflegen und die Früchte darauf verteilen.

Tortenguss mit dem Zucker nach Packungsanweisung zubereiten und über die Früchte und die Kräuterblätter träufeln.

Die Torte kühl stellen, bis der Guss fest geworden ist.

Tipp

Sie können nach Belieben auch andere Früchte der Saison verwenden.

Nährwertangaben	Pro 100 g	Pro Stück (51 g)
Brennwert	461 kJ/110 kcal	239 kJ/55 kcal
Eiweiß	4,4 g	2,3 g
Kohlenhydrate	15,1 g	7,5 g
Fett	3,2 g	1,6 g
Broteinheiten	1,3 BE	0,6 BE
Cholesterin	90,9 mg	46,4 mg

Schwarzwälder Kirschtorte

16 Portionen = Springform mit 24 cm Durchmesser

Zutaten
Biskuitteig
4 Eier
40 g Zucker
80 g Vollkornmehl
15 g Kakaopulver
1 TL Backpulver

Füllung
350 g Weichseln, aus dem Glas, leicht gezuckert (Füllgewicht 680 g, Abtropfgewicht 350 g)
250 ml Schlagobers
1 EL Kirschwasser
30 g Schokoladenblättchen oder -streusel

Fett und Mehl für die Form

Zubereitung
Das Backrohr auf 200 °C vorheizen, Springform befetten und bemehlen. Mehl, Backpulver und Kakao gut vermengen und mit den übrigen Zutaten für den Teig einen Biskuitteig nach dem Grundrezept bereiten. Die Masse in die Springform füllen und bei 200 °C im Rohr 20 Minuten backen.

Biskuit gut auskühlen lassen, in der Hälfte quer durchschneiden. Weichseln in einem Sieb abtropfen lassen und 16 Stück für die Dekoration beiseitelegen. Schlagobers steif schlagen und in einen Spritzsack füllen.

Den unteren Tortenboden mit Kirschwasser „parfümieren". Mit dem Spritzsack einen äußeren, dann einen mittleren und einen inneren Schlagobersring auf den Boden dressieren. Die Zwischenräume mit Weichseln auffüllen. Den zweiten Tortenboden aufsetzen und das restliche Schlagobers mit einem großen Messer auf Torte und Rand verteilen.

Schokoladenplättchen darüberstreuen und Weichseln in regelmäßigen Abständen an den äußeren Rand setzen. Vor dem Servieren noch etwa 2 Stunden gut kühlen.

Nährwertangaben	Pro 100 g	Pro Stück (59 g)
Brennwert	931 kJ/222 kcal	549 kJ/131 kcal
Eiweiß	5,4 g	3,2 g
Kohlenhydrate	19,6 g	11,5 g
Fett	13,5 g	7,9 g
Broteinheiten	1,6 BE	1,0 BE
Cholesterin	135,4 mg	79,9 mg

Tipp
Um den Spritzsack zu befüllen, stellen Sie ihn am besten in ein hohes Gefäß.

Biskuitomeletten mit Ananas-Granatapfel-Fülle

6 Portionen

Zutaten
4 Eier
40 g Zucker
60 g Vollkornmehl
20 g Stärke
100 ml Schlagobers
300 g Ananas
1 EL Granatapfelkerne
Ananasminze (alternativ: Zitronenmelisse)

2 x Backpapier für das Blech

Zubereitung

Das Backrohr auf 200 °C vorheizen. Jeweils 3 Kreise (à 12 cm Durchmesser) auf ein Backpapier zeichnen und mit den gezeichneten Seiten nach unten auf das Backblech setzen. Aus Eiern, Zucker, Mehl und Stärkemehl nach dem Grundrezept einen Biskuitteig zubereiten. Den Teig auf den 6 Kreisen verteilen, glatt streichen und 8 Minuten im Rohr backen.

Biskuitomeletten auf ein Geschirrtuch stürzen, Backpapier abziehen und mit einem feuchten Tuch bedecken.

Nach dem Auskühlen vorsichtig in der Mitte zusammenklappen.

In der Zwischenzeit Obst putzen und in mundgerechte Stücke schneiden. Kräuterblätter in feine Streifen schneiden und dazugeben. Obers schlagen und in einen Spritzsack füllen.

Omeletten mit dem Obst befüllen und das Schlagobers jeweils an den unteren Rand der Omelettes dressieren. Mit Ananasminze- oder Zitronenmelisseblättern dekorieren.

Nährwertangaben	Pro 100 g	Pro Stück (122 g)
Brennwert	742 kJ/177 kcal	906 kJ/216 kcal
Eiweiß	5,6 g	6,8 g
Kohlenhydrate	18,8 g	23,0 g
Fett	8,7 g	10,7 g
Broteinheiten	1,6 BE	1,9 BE
Cholesterin	150,7 mg	183,9 mg

TIPP

Eine außergewöhnliche Note erhält die Ananas-Granatapfel-Mischung, wenn man sie mit etwas Chilipulver und/oder Zimt würzt.

Warmer Biskuit mit kalten Himbeeren

4 Portionen

Zutaten
200 g Himbeeren
2 Eier
20 g Zucker
40 g Vollkornmehl
2 EL Schokoladenraspeln

4 feuerfeste Formen (im Durchmesser ca. 6–9 cm)
Fett und Mehl für die Formen

Zubereitung
Himbeeren waschen und kurz tiefkühlen. Ein paar Stück für die Dekoration beiseitelegen. Backrohr auf 200 °C vorheizen, die feuerfesten Formen einfetten und bemehlen.

Aus Eiern, Zucker und Mehl nach dem Grundrezept einen Biskuitteig bereiten. Die halbe Menge gleichmäßig auf die Formen aufteilen, Schokoladenraspeln darüberstreuen und mit dem restlichen Teig auffüllen. Bei 200 °C im Rohr 20 Minuten backen.

In der Zwischenzeit Himbeeren grob pürieren und kalt stellen. Vor dem Servieren jeweils einen Himbeerpüree-Kranz an den Rand der Formen setzen und mit den restlichen Himbeeren dekorieren.

VARIANTE
Sie können die Törtchen auch aus den Formen gestürzt auf einem Himbeerpüree-Spiegel servieren.

Nährwertangaben	Pro 100 g	Pro Stück (65 g)
Brennwert	598 kJ/143 kcal	569 kJ/136 kcal
Eiweiß	6,0 g	5,7 g
Kohlenhydrate	17,5 g	16,6 g
Fett	5,0 g	4,7 g
Broteinheiten	1,5 BE	1,4 BE
Cholesterin	130,6 mg	124,1 mg

GRUNDREZEPT

Rührteig

Menge für 1 Kuchen

Zutaten

3 Eier
100 g Zucker
100 g Margarine
300 g Vollkornmehl
½ Pkg. Backpulver
125 ml Milch

Zubereitung

Eier in Dotter und Eiweiß trennen. Dotter, Zucker und Margarine etwa 5 Minuten lang schaumig schlagen (einen Abtrieb bereiten). Das Eiweiß zu Schnee schlagen. Mehl und Backpulver vermengen und abwechselnd mit der Milch unter den Abtrieb rühren, zuletzt den Eischnee unter die Masse heben. Teig wie im jeweiligen Rezept beschrieben weiterverarbeiten.

Tipp

Man kann den Teig auch mit gemahlenen Nüssen oder Mohn verfeinern: 1 Ei, gegebenenfalls etwas Flüssigkeit (z. B. Milch, Joghurt, Rum) dazugeben und die Backpulvermenge auf 1 Packung erhöhen. Falls der Teig zu flüssig erscheint, zusätzlich etwas Mehl unterrühren.

Rührteig

Der Klassiker unter den Kuchenteigen. Keiner lässt sich so vielfältig und kreativ verarbeiten – und keiner eignet sich so gut zum Einfrieren.

Britta Macho

Guglhupf

20 Stück = 1 Guglhupfform

Zutaten
4 Eier
150 g Zucker
100 g Margarine
60 ml Rapsöl
400 g Vollkornmehl
1 Pkg. Backpulver
125 ml Milch
1 EL Kakaopulver

Fett und Mehl für die Form
1 EL Puderzucker zum Bestreuen

Zubereitung

Eier in Dotter und Eiweiß trennen. Dotter, Zucker, Margarine und Rapsöl etwa 5 Minuten lang schaumig rühren, das Eiweiß zu festem Schnee schlagen.

Mehl und Backpulver vermengen und abwechselnd mit der Milch unter die Ei-Zucker-Margarine-Masse heben, danach den Eischnee untermengen.

Die Hälfte des Teigs in eine befettete und bemehlte Guglhupfform füllen, den restlichen Teig mit dem Kakao vermengen und ebenfalls in die Form füllen.

Mit einem Löffelstiel beide Teige vorsichtig miteinander verbinden und bei 180 °C im nicht vorgeheizten Rohr 45 Minuten backen. Stäbchenprobe nicht vergessen.

Nach dem Abkühlen mit Puderzucker bestreuen.

Nährwertangaben	Pro 100 g	Pro Stück (56 g)
Brennwert	1381 kJ/330 kcal	773 kJ/185 kcal
Eiweiß	7,3 g	4,1 g
Kohlenhydrate	37,6 g	21,0 g
Fett	16,7 g	9,4 g
Broteinheiten	3,1 BE	1,8 BE
Cholesterin	90,9 mg	50,9 mg

Russischer Apfelkuchen

20 Portionen = 1 Guglhupfform

Zutaten
3 Äpfel
3 Eier
100 g Zucker
100 g Margarine
1 EL Kakaopulver
etwas Chilipulver nach Geschmack
300 g Vollkornmehl
1 Pkg. Backpulver
125 ml Milch
Prise Salz

Fett und Mehl für die Form

Zubereitung
Äpfel vierteln, das Kerngehäuse entfernen, schälen, die Spalten nochmals halbieren und in Stücke schneiden.

Eier in Dotter und Eiweiß trennen, die Dotter mit Zucker und Margarine schaumig rühren (einen Abtrieb bereiten), Kakaopulver und Chilipulver einrühren.

Mehl mit Backpulver vermengen und abwechselnd mit der Milch in den Abtrieb einrühren.

Eiweiß mit Salz zu festem Schnee schlagen und abwechselnd mit den Äpfeln unterheben.

Die Kuchenform befetten und bemehlen, Teig einfüllen und bei 180 °C im nicht vorgeheizten Rohr 55 Minuten backen. Stäbchenprobe nicht vergessen.

VARIANTE
Sie können den Kuchen auch mit Birnen oder Marillen zubereiten.

Nährwertangaben	Pro 100 g	Pro Stück (54 g)
Brennwert	1002 kJ/239 kcal	541 kJ/129 kcal
Eiweiß	5,5 g	2,9 g
Kohlenhydrate	30,7 g	16,6 g
Fett	10,4 g	5,6 g
Broteinheiten	2,6 BE	1,4 BE
Cholesterin	69,5 mg	37,5 mg

Tinas Obsttorteletten

8 Stück

Zutaten

Teig
2 Eier
50 g Margarine
2 EL Rapsöl
50 g Zucker
150 g Vollkornmehl
1 ½ TL Backpulver
80 ml Mineralwasser

Belag
1 Pkg. Vanillepuddingpulver
1 Pkg. Vanillezucker
500 ml Milch
600 g Obst nach Saison

Fett und Mehl für die Formen
Minzeblätter und essbare Blüten zum Dekorieren

Zubereitung

Eier in Dotter und Eiweiß trennen. Dotter, Margarine, Rapsöl und Zucker schaumig rühren, das Eiweiß zu Schnee schlagen.

Mehl mit Backpulver vermischen, nach und nach mit dem Mineralwasser unter die Dotter-Margarine-Masse rühren, danach den Schnee unterheben.

Den Teig in die befetteten und bemehlten Formen füllen und bei 180 °C im nicht vorgeheizten Rohr 20 Minuten backen.

Vanillepuddingpulver mit Vanillezucker und Milch nach Packungsanweisung zubereiten, Pudding auskühlen lassen und gegebenenfalls mit dem Pürierstab glatt rühren.

Auf den ausgekühlten Torteletten verteilen und nach Belieben mit Früchten dekorieren.

Tipp

Bereiten Sie die Torteletten immer erst kurz vor dem Servieren zu; wenn Sie länger frisch bleiben sollen, dann überziehen Sie die Früchte mit etwas Tortenguss.

Nährwertangaben	Pro 100 g	Pro Stück (117 g)
Brennwert	617 kJ/147 kcal	722 kJ/172 kcal
Eiweiß	3,6 g	4,2 g
Kohlenhydrate	19,9 g	23,3 g
Fett	5,8 g	6,8 g
Broteinheiten	1,7 BE	1,9 BE
Cholesterin	39,8 mg	46,6 mg

Oma Hannas Waffeln

12 Stück

Zutaten
1 Kartoffel
100 g Margarine
2 Pkg. Vanillezucker
3 Eier
250 g Vollkornmehl
2 EL Haferflocken
1 TL Salz
½ Pkg. Backpulver
125 g Topfen, mager
(½ Packung)
2 EL Rum
250 ml + 125 ml Milch
1 EL Puderzucker zum
Bestreuen

Öl für das Waffeleisen

Zubereitung
Kartoffel in der Schale kochen, schälen und mit der Gabel zerdrücken. Margarine, Vanillezucker und Eier ca. 5 Minuten schaumig schlagen. Mehl, Kartoffel, Haferflocken, Salz und Backpulver vermengen.

Topfen, Rum und Milch verrühren und alle Zutaten abwechselnd unter die Ei-Zucker-Margarine-Mischung heben (sollten Kinder mitessen, anstatt Rum Orangensaft verwenden).

Das Waffeleisen mit Öl befetten (am besten mit einem hitzebeständigen Pinsel) und die Waffeln darin backen.

Vor dem Servieren mit etwas Puderzucker bestreuen.

Tipp

Meine Großmutter servierte uns ihre Waffeln oft mit Milchreis und Zimt als Hauptspeise. Auch mit frischen Früchten garniert schmecken sie köstlich.

Nährwertangaben	Pro 100 g	Pro Stück (99 g)
Brennwert	833 kJ/199 kcal	825 kJ/197 kcal
Eiweiß	6,8 g	6,7 g
Kohlenhydrate	19,3 g	19,2 g
Fett	10,3 g	10,2 g
Broteinheiten	1,6 BE	1,6 BE
Cholesterin	67,0 mg	66,3 mg

Apfel-Mohn-Torte

12 Portionen = Springform mit 24 cm Durchmesser

Zutaten

3 Eier
50 g Margarine
50 ml Rapsöl
80 g Zucker
100 g Mohn, gemahlen oder gequetscht
100 g Vollkornmehl
1 TL Backpulver
1 TL Zimt
Salz
4 Äpfel
1 EL Marillenmarmelade (3 : 1)

Fett und Mehl für die Form oder Backpapier

Zubereitung

Die Eier in Dotter und Eiweiß trennen. Dotter, Margarine, Rapsöl und Zucker schaumig rühren. Mohn, Mehl, Backpulver und Zimt vermengen. Das Eiweiß mit etwas Salz zu Schnee schlagen und abwechselnd mit der Mohn-Mehl-Mischung unter die Dotter-Margarine-Masse rühren.

Den Teig in die befettete und bemehlte Springform füllen.

Äpfel schälen, halbieren, das Kerngehäuse ausschneiden. Apfelhälften jeweils 3-mal quer einschneiden, gleichmäßig auf dem Teig verteilen.

Bei 180 °C im nicht vorgeheizten Backrohr 45 Minuten backen. Stäbchenprobe nicht vergessen.

Die Torte noch warm mit heißer Marillenmarmelade bestreichen.

Nährwertangaben	Pro 100 g	Pro Stück (100 g)
Brennwert	887 kJ/212 kcal	887 kJ/212 kcal
Eiweiß	4,7 g	4,7 g
Kohlenhydrate	18,7 g	18,7 g
Fett	13,2 g	13,2 g
Broteinheiten	1,6 BE	1,6 BE
Cholesterin	62,1 mg	62,1 mg

Tipp

Anstelle der Äpfel können Sie die Torte auch nach dem Backen mit Marillenmarmelade bestreichen und mit Orangenscheiben belegen. Im Sommer schmecken frische Beeren besonders gut dazu.

Karottentorte

16 Stück =
Springform mit 24 cm Durchmesser

Zutaten
200 g Karotten
4 Eier
100 g Margarine
100 g Zucker
100 g Mandeln
250 g Vollkornmehl
1 Pkg. Backpulver
2 EL Rum
125 ml Milch
3 EL Marillenmarmelade

Fett und Mehl für die Form
1 EL Puderzucker und
½ TL Zimt zum Bestreuen

Zubereitung

Karotten schälen und fein raspeln. Die Eier in Dotter und Eiweiß trennen. Dotter mit Margarine und Zucker ca. 5 Minuten schaumig rühren, das Eiweiß zu festem Schnee schlagen.

Rum und Milch verrühren, Mehl, Mandeln und Backpulver vermengen und abwechselnd unter die Ei-Zucker-Margarine-Masse heben. Zuletzt Schnee und Karotten vorsichtig unterziehen.

Teig in eine befettete und bemehlte Springform füllen, glatt streichen und bei 180 °C im nicht vorgeheizten Rohr 45 Minuten backen.

Nach dem Backen auf ein Kuchengitter stürzen, quer halbieren, mit Marillenmarmelade bestreichen, wieder zusammensetzen und mit der Puderzucker-Zimt-Mischung bestreuen.

Nährwertangaben	Pro 100 g	Pro Stück (76 g)
Brennwert	1085 kJ/259 kcal	825 kJ/197 kcal
Eiweiß	6,9 g	5,3 g
Kohlenhydrate	26,0 g	19,8 g
Fett	14,1 g	10,7 g
Broteinheiten	2,2 BE	1,6 BE
Cholesterin	82,8 mg	62,9 mg

Tipp

Für Gäste können Sie die Tortenstücke auch mit einem Häubchen Schlagobers servieren und mit z. B. Salbeiblättern und essbaren Blüten dekorieren. Sollten Kinder mitessen, lassen Sie den Rum einfach weg.

Brownies

15 Portionen =
1 Form 30 x 20 cm

Zutaten
250 g Magertopfen
1 Pkg. Vanillezucker
100 g Margarine
3 EL Kakaopulver
2 Eier
150 g Zucker
100 g Vollkornmehl
1 TL Backpulver
50 g Walnüsse, gerieben

Fett und Mehl für die Form oder Backpapier

Zubereitung

Den Topfen mit dem Vanillezucker verrühren. Margarine schmelzen und das Kakaopulver untermengen. Eier mit Zucker schaumig schlagen, Kakaomargarine einrühren.

Das Mehl mit dem Backpulver und den Walnüssen vermengen und zur Ei-Zucker-Margarine-Masse geben.

In die befettete und bemehlte Form füllen, glatt streichen (ca. 1 cm hoch), den verrührten Topfen esslöffelweise darauf verteilen und mit einem Esslöffelstiel vorsichtig Wellen ziehen.

Bei 180 °C im nicht vorgeheizten Rohr 40 Minuten backen. Am Blech in rechteckige Stücke schneiden.

Nährwertangaben	Pro 100 g	Pro Stück (53 g)
Brennwert	1276 kJ/305 kcal	676 kJ/162 kcal
Eiweiß	8,2 g	4,4 g
Kohlenhydrate	30,1 g	15,9 g
Fett	16,8 g	8,9 g
Broteinheiten	2,5 BE	1,3 BE
Cholesterin	63,1 mg	33,4 mg

Info

Das Charakteristische an Brownies ist ihre saftige, beinahe „teigige" Konsistenz.

GRUNDREZEPT

Muffins
(süß oder salzig)

Menge für 12 Stück

Zutaten

250 g Vollkornmehl
2 TL Backpulver
2 TL Salz oder 100 g Zucker
2 Eier
250 ml Buttermilch
60 ml Rapsöl
200 g Gemüse oder
200 g Obst

Fett und Mehl für die Form oder 12 Stück Muffinformen aus Papier

Zubereitung

Alle trockenen Zutaten miteinander vermengen, danach Buttermilch, Rapsöl, Gemüse (oder Obst) miteinander verrühren, zuletzt alle Zutaten mit einem Kochlöffel zusammenmischen. Muffinformen, eingefettet und mit Mehl bestreut (oder die entsprechenden Papierformen) zu etwa ⅔ befüllen und bei 220 °C im nicht vorgeheizten Rohr ca. 20 Minuten backen.

Tipp

Muffins mögen es nicht, wenn man ihren Teig mit einem Mixer verrührt!

Muffins

Der schnelle Snack: Ich genieße sie ebenso gerne süß wie pikant. Am Arbeitsplatz erfreuen sie garantiert auch die lieben Kollegen!

Britta Macho

Heidelbeermuffins

12 Stück

Zutaten
250 g Vollkornmehl
2 TL Backpulver
100 g Zucker
2 Eier
220 ml Buttermilch
60 ml Rapsöl
200 g Heidelbeeren,
frisch oder tiefgekühlt

Soße
1 EL Rum
125 g Heidelbeeren,
frisch oder tiefgekühlt

Fett und Mehl für die Form
oder Muffinformen aus Papier

Zubereitung
Erst die trockenen Zutaten vermengen, dann Buttermilch, Rapsöl und Heidelbeeren verrühren und zuletzt alle Zutaten mit einem Kochlöffel zu einem Teig zusammenmischen.

In die eingefettete und mit Mehl bestreute Form oder in die Papierformen jeweils 2 EL Teig füllen und bei 220 °C im nicht vorgeheizten Rohr 25 Minuten backen.

Heidelbeeren mit Rum im Mixer pürieren und vor dem Servieren über die Muffins gießen.

Tipp
Falls Kinder mitessen, anstatt Rum Wasser für die Soße verwenden.

Nährwertangaben	Pro 100 g	Pro Stück (90 g)
Brennwert	836 kJ/200 kcal	752 kJ/180 kcal
Eiweiß	4,8 g	4,3 g
Kohlenhydrate	26,6 g	24,0 g
Fett	7,9 g	7,1 g
Broteinheiten	2,2 BE	2,0 BE
Cholesterin	46,7 mg	42,0 mg

Orangenmuffins

12 Stück

Zutaten

2 Orangen, unbehandelt
250 g Vollkornmehl
40 g Walnüsse, grob gehackt
1 TL Zimt
100 g Zucker
2 TL Backpulver
2 Eier
200 ml Milch
60 ml Rapsöl

Fett und Mehl für die Form oder Muffinformen aus Papier

Zubereitung

Orangen heiß waschen und mit einem Zestenschneider feine Streifen aus der Schale schneiden bzw. mit einer feinen Reibe abraspeln. Orangen filetieren und Spalten je nach Größe halbieren oder dritteln.

Zuerst alle trockenen, dann alle feuchten Zutaten vermengen, danach alle Zutaten gemeinsam mit einem Kochlöffel verrühren.

In die befettete und bemehlte Form oder in die Papierformen jeweils 2 EL des Teiges füllen und bei 220 °C im nicht vorgeheizten Rohr 25 Minuten backen.

Nährwertangaben	Pro 100 g	Pro Stück (89 g)
Brennwert	943 kJ/225 kcal	839 kJ/200 kcal
Eiweiß	5,4 g	4,8 g
Kohlenhydrate	27,4 g	24,4 g
Fett	10,3 g	9,1 g
Broteinheiten	2,3 BE	2,0 BE
Cholesterin	47,3 mg	42,1 mg

Schokoladenmuffins

12 Stück

Zutaten

250 g Vollkornmehl
2 TL Backpulver
80 g Zucker
1 EL Kakaopulver
20 g Schokoladen-streuselflocken
2 Eier
250 ml Buttermilch
60 ml Rapsöl

Fett und Mehl für die Form oder Muffinformen aus Papier

Zubereitung

Zuerst alle trockenen Zutaten vermengen, dann Buttermilch und Rapsöl verrühren, danach alle Zutaten mit einem Kochlöffel zusammenmischen.

In die befettete und bemehlte Form oder in die Papierformen jeweils 2 EL des Teiges füllen und bei 220 °C im nicht vorgeheizten Rohr 25 Minuten backen.

Nährwertangaben	Pro 100 g	Pro Stück (66 g)
Brennwert	1076 kJ/257 kcal	710 kJ/170 kcal
Eiweiß	6,7 g	4,4 g
Kohlenhydrate	32,2 g	21,1 g
Fett	11,1 g	7,3 g
Broteinheiten	2,7 BE	1,8 BE
Cholesterin	63,6 mg	42,0 mg

Kürbis-Zucchini-Muffins

12 Stück

Zutaten
100 g Kürbis
100 g Zucchini
150 g Vollkornmehl
100 g Mandeln, gemahlen
2 TL Backpulver
100 g Zucker
1 Prise Nelkenpulver (alternativ: Zimt oder Kardamom)
2 Eier
200 g Naturjoghurt (1 Becher)
60 ml Rapsöl

Fett und Mehl für die Form oder Muffinformen aus Papier

Zubereitung

Kürbis schälen, Zucchini waschen und beides grob raspeln.

Für den Teig alle trockenen, dann alle feuchten Zutaten verrühren, zuletzt alle Zutaten mit einem Kochlöffel vermengen.

In die befettete und bemehlte Form oder in die Papierformen jeweils 2 EL Teig geben und bei 220 °C im nicht vorgeheizten Rohr 20 Minuten backen.

Nährwertangaben	Pro 100 g	Pro Stück (77 g)
Brennwert	1030 kJ/246 kcal	793 kJ/189 kcal
Eiweiß	6,4 g	4,9 g
Kohlenhydrate	23,1 g	17,8 g
Fett	14,2 g	10,9 g
Broteinheiten	1,9 BE	1,5 BE
Cholesterin	44,8 mg	35,0 mg

SALZIG

Pizzamuffins

12 Stück

Zutaten

125 g Schinken, gekocht
(3 % Fett)
100 g Emmentaler Käse
125 g Vollkornmehl
125 g Dinkelvollkornmehl
1 TL Oregano, getrocknet
2 TL Salz
1 Pkg. Backpulver
1 Ei
200 ml Tomaten, passiert
60 ml Rapsöl

Fett und Mehl für die Form oder Muffinformen aus Papier

Zubereitung

Schinken in feine Streifen, dann in Würfel schneiden, Käse reiben.

Zuerst alle trockenen, dann alle feuchten Zutaten verrühren, zuletzt alle Zutaten mit einem Kochlöffel vermengen.

In die befettete und bemehlte Form oder in die Papierformen jeweils 2 EL des Teiges füllen und bei 220 °C im nicht vorgeheizten Rohr 20 Minuten backen.

Nährwertangaben	Pro 100 g	Pro Stück (69 g)
Brennwert	1000 kJ/239 kcal	690 kJ/165 kcal
Eiweiß	10,7 g	7,4 g
Kohlenhydrate	19,6 g	13,5 g
Fett	13,0 g	9,0 g
Broteinheiten	1,6 BE	1,1 BE
Cholesterin	52,0 mg	35,9 mg

SALZIG

Käse-Apfel-Muffins

12 Stück

Zutaten

100 g Emmentaler Käse
1 Bund Petersilie
125 g Vollkornmehl
125 g Dinkelvollkornmehl
1 TL Salz
3 TL Backpulver
2 Eier
100 ml Apfelmus
150 ml Buttermilch
60 ml Rapsöl

Fett und Mehl für die Form oder Muffinformen aus Papier

Zubereitung

Käse reiben, Petersilie waschen und fein hacken.

Alle trockenen Zutaten, dann Apfelmus, Buttermilch und Rapsöl verrühren, zuletzt alle Zutaten mit einem Kochlöffel vermengen.

In die befettete und bemehlte Form oder in die Papierformen jeweils 2 EL des Teiges füllen und bei 220 °C im nicht vorgeheizten Rohr 20 Minuten backen.

Nährwertangaben	Pro 100 g	Pro Stück (67 g)
Brennwert	1050 kJ/251 kcal	704 kJ/168 kcal
Eiweiß	9,5 g	6,3 g
Kohlenhydrate	21,8 g	14,6 g
Fett	13,9 g	9,3 g
Broteinheiten	1,8 BE	1,2 BE
Cholesterin	73,5 mg	49,2 mg

SALZIG

Mexikanische Muffins

12 Stück

Zutaten

1 Paprikaschote, rot
100 g Zuckermais
100 g Kidneybohnen
150 g Vollkornmehl
150 g Maismehl
3 TL Chilipulver
1 TL Kreuzkümmel
2 TL Salz
1 Pkg. Backpulver
2 Eier
100 ml Tomatensaft
100 ml Buttermilch
60 ml Rapsöl

Fett und Mehl für die Form
oder Muffinformen aus Papier

Zubereitung

Paprika waschen, putzen und in feine Würfel schneiden, Maiskörner und Kidneybohnen in einem Sieb kurz waschen und abtropfen lassen.

Zuerst alle trockenen, dann alle feuchten Zutaten vermengen und zuletzt alle Zutaten gemeinsam mit einem Kochlöffel verrühren.

In die befettete und bemehlte Form oder in die Papierformen jeweils 2 EL des Teiges füllen und bei 220 °C im nicht vorgeheizten Rohr 20 Minuten backen.

Tipp

Dazu passt hervorragend eine „Salsa Mexicana" aus klein gehackten Tomaten, Zwiebel, Knoblauch, Jalapeno-Chili und Korianderblättern.

Nährwertangaben	Pro 100 g	Pro Stück (86 g)
Brennwert	804 kJ/192 kcal	692 kJ/165 kcal
Eiweiß	5,4 g	4,7 g
Kohlenhydrate	23,7 g	20,4 g
Fett	8,3 g	7,1 g
Broteinheiten	2,0 BE	1,7 BE
Cholesterin	40,6 mg	34,9 mg

GRUNDREZEPT

Strudelteig

Menge für 2 Strudel

Zutaten

125 g Vollkornmehl
125 g Mehl
125 ml Wasser
2 EL Rapsöl
½ TL Salz
1 EL Apfelessig

Zubereitung

Alle Zutaten mit dem Knethaken von Küchenmaschine oder Mixer rühren, bis die Masse sich vom Schüsselrand löst und die Konsistenz seidig wirkt (dauert mind. 5 Minuten). Aus dem Teig eine Kugel formen, mit Öl bestreichen, in Frischhaltefolie wickeln und an einem warmen Ort zugedeckt 30 Minuten rasten lassen. Teig auf einem feuchten Geschirrtuch dünn ausziehen, den dickeren Rand wegschneiden und danach je nach Rezeptangabe weiterverarbeiten.

Tipp

Teig ausziehen: Rollen Sie den Strudelteig zuerst aus, ballen Sie beide Hände zur Faust und ziehen Sie ihn vorsichtig von der Mitte her über die Faustrücken aus.

Strudelteig

Strudelteig selbst gemacht: Da ist schon etwas Übung notwendig. Aber nur diese macht bekanntlich den Meister – und stärkt das Nervenkostüm!

Britta Macho

Apfelstrudel

2 Strudel = 16 Stück

Zutaten
1 Portion Strudelteig (Grundrezept S. 54)
6 Äpfel
4 EL Semmelbrösel
1 TL Zimt
2 EL Rapsöl

Backpapier für das Blech
1 Geschirrtuch
1 EL Puderzucker zum Bestreuen
Salbeiblüten zur Dekoration

Zubereitung
Strudelteig wie im Grundrezept beschrieben zubereiten. Nach dem Rasten Teig halbieren, die Stücke getrennt ausziehen und auf ein Geschirrtuch legen.

Äpfel halbieren, vierteln, Kerngehäuse entfernen und in dünne Spalten schneiden. Jede Teighälfte mit der halben Menge Semmelbrösel und Zimt bestreuen, Äpfel auf jeweils ⅔ der Masse verteilen. Die Seiten einschlagen (ca. 5 cm) und den Teig mithilfe des Geschirrtuchs einrollen.

Mit der Naht nach unten auf ein mit Backpapier ausgelegtes Blech legen. Mit Rapsöl bestreichen und bei 200 °C im nicht vorgeheizten Backrohr 30 Minuten backen.

VARIANTE

Sie können die Äpfel auch mit Weintrauben mischen beziehungsweise stattdessen Birnen verwenden.

Nährwertangaben	Pro 100 g	Pro Stück (51 g)
Brennwert	401 kJ/96 kcal	205 kJ/49 kcal
Eiweiß	0,7 g	0,4 g
Kohlenhydrate	16,5 g	8,4 g
Fett	2,9 g	1,5 g
Broteinheiten	1,4 BE	0,7 BE
Cholesterin	0,0 mg	0,0 mg

Grieß-Rahm-Strudel mit Trauben

2 Strudel = 16 Stück

Zutaten
1 Portion Strudelteig (Grundrezept S. 54)
500 g Sauerrahm
60 g Weizengrieß
600 g Weintrauben, rot
2 Eier
50 g Zucker
1 EL Rapsöl

Backpapier für das Blech
1 Geschirrtuch
1 EL Puderzucker zum Bestreuen
Rosmarinblüten zur Dekoration

Zubereitung

Strudelteig nach dem Grundrezept zubereiten und in zwei Teile halbiert rasten lassen. Sauerrahm mit Grieß vermengen und mindestens ½ Stunde quellen lassen.

Trauben waschen, Eier trennen, Dotter und Zucker unter die Rahm-Grieß-Masse mengen. Eiweiß zu Schnee schlagen und ebenfalls vorsichtig unter die Masse heben.

Den Strudelteig auf einem befeuchteten Geschirrtuch ausziehen und jeweils die Hälfte der Rahm-Grieß-Masse zu ⅔ darauf streichen. Trauben auf der Masse verteilen.

Den Teig auf den Seiten einschlagen (ca. 5 cm) und danach mithilfe des Geschirrtuchs einrollen.

Mit der Naht nach unten auf ein mit Backpapier ausgelegtes Blech legen, mit Öl bestreichen und bei 200 °C im nicht vorgeheizten Rohr 30 Minuten backen. Vor dem Servieren mit etwas Puderzucker bestreuen.

Tipp

Statt der Trauben eignet sich auch jedes andere Obst, wahlweise passt anstelle von Weizen- auch Dinkelgrieß hervorragend.

Nährwertangaben	Pro 100 g	Pro Stück (109 g)
Brennwert	695 kJ/166 kcal	757 kJ/181 kcal
Eiweiß	3,6 g	4,0 g
Kohlenhydrate	21,9 g	23,8 g
Fett	6,9 g	7,5 g
Broteinheiten	1,8 BE	2,0 BE
Cholesterin	34,4 mg	37,5 mg

Mohn-Marillen-Strudel

2 Strudel = 16 Stück

Zutaten
1 Portion Strudelteig
(Grundrezept S. 54)
250 ml Milch
1 EL Rum
2 EL Honig
1 Pkg. Vanillezucker
1 EL Zimt
300 g Mohn
800 g Marillen
1 EL Rapsöl

Backpapier für das Blech
1 Geschirrtuch
1 EL Puderzucker zum Bestreuen

Zubereitung

Strudelteig nach dem Grundrezept zubereiten. Milch mit Rum, Honig, Vanillezucker und Zimt aufkochen, Mohn einrühren, nochmals aufkochen und danach quellen lassen. Marillen waschen, halbieren und entkernen.

Nach dem Rasten Teig halbieren. Ein großes Geschirrtuch anfeuchten und Strudelteig darauf ausziehen. Die Hälfte der Mohnmasse zu ⅓ daraufstreichen und die Hälfte der Marillen gleichmäßig darüber verteilen.

Die Seiten des Strudelteigs einschlagen (ca. 5 cm), den Strudel mittels Geschirrtuch einrollen und mit Öl bestreichen. Mit der Nahtseite nach unten auf ein mit Backpapier ausgelegtes Blech legen und bei 200 °C im nicht vorgeheizten Rohr 30 Minuten backen.

TIPP

Wenn Kinder mitessen, den Rum durch 1 EL Orangensaft ersetzen.

Nährwertangaben	Pro 100 g	Pro Stück (129 g)
Brennwert	754 kJ/180 kcal	972 kJ/232 kcal
Eiweiß	5,7 g	7,3 g
Kohlenhydrate	17,6 g	22,7 g
Fett	9,5 g	12,2 g
Broteinheiten	1,5 BE	1,9 BE
Cholesterin	1,7 mg	2,2 mg

VARIANTE

Wenn Sie es gern „nussig" mögen, sollten Sie unbedingt einmal weißen Mohn ausprobieren!

Knusprige Strudelpyramide

8 Portionen

Zutaten

1 Pkg. Strudelteig (60 g) oder entsprechend Filo- oder Yufkateigblätter
1 EL Rapsöl
800 g Beeren der Saison

1 EL Puderzucker zum Bestreuen
etwas Aceto-Balsamico-Creme zum Dekorieren

Zubereitung

1 Lage Strudelblätter auf das Backblech legen, mit Öl bestreichen. Darauf eine zweite Lage Strudelteig legen und ebenfalls dünn mit Öl bestreichen.

Bei 200 °C im nicht vorgeheizten Backrohr 10–15 Minuten backen (die Strudelblätter sollten eine hellbraune Farbe annehmen). Auskühlen lassen.

Beeren waschen und putzen. Strudelblätter in größere Stücke brechen und auf Dessertteller verteilen, einen Teil der Beeren darauf platzieren und mit einem weiteren Strudelblatt abdecken.

Zuletzt mit den restlichen Beeren und ein wenig Puderzucker bestreuen und mit etwas Aceto-Balsamico-Creme beträufelt anrichten.

Nährwertangaben	Pro 100 g	Pro Stück (99 g)
Brennwert	484 kJ/115 kcal	477 kJ/114 kcal
Eiweiß	1,2 g	1,2 g
Kohlenhydrate	22,2 g	22,0 g
Fett	2,0 g	2,0 g
Broteinheiten	1,8 BE	1,8 BE
Cholesterin	0,0 mg	0,0 mg

Tipp

Die Strudelpyramide eignet sich auch als Dessert, servieren Sie dazu nach Belieben Vanillecreme oder ein Topfennockerl.

VARIANTE

Wenn Sie den Vanillepudding ohne Joghurt bevorzugen, bereiten Sie ihn alternativ mit 1/16 l mehr Milch zu.

Zutaten
1 Strudelteigblatt (30 g) oder entsprechend Filo- oder Yufkateigblätter
2 EL Rapsöl

Füllung
½ Pkg. Vanillepuddingpulver
250 ml Milch
1 Pkg. Vanillezucker
2 Bananen (ca. 300 g)
1 EL Zitronensaft
100 g Naturjoghurt
2 EL Mandelblättchen
Lavendelblüten (alternativ: einige Zitronenmelissenblätter, gehackt) und
1 EL Honig als Dekoration

6 Dariolformen

Strudelschüsseln mit Vanillejoghurt und Bananen

6 Portionen

Zubereitung

Strudelteig dünn mit Öl bestreichen und in 6 gleich große, rechteckige Stücke schneiden (am besten entlang der Faltlinien). Teigstücke über umgekehrte Dariolformen (oder andere feuerfeste Formen mit einem Durchmesser von ca. 4–6 cm) legen und um die Formen falten. Formen mit der Öffnung nach unten auf ein Backblech setzen und die Schüsseln bei 180 °C im nicht vorgeheizten Rohr 15 Minuten backen.

Puddingpulver mit Milch und Vanillezucker laut Packungsanweisung zubereiten und den Pudding danach auskühlen lassen.

Bananen schälen, in Scheiben schneiden und mit Zitronensaft vermengen. Mandelblättchen trocken in einer Pfanne hellbraun rösten.

Kurz vor dem Servieren Pudding mit Joghurt gut vermengen. Bananenscheiben abwechselnd mit Vanillejoghurt übereinander in die Teigschüsseln schichten.

Mit Mandelblättchen und Lavendelblüten bestreuen und zuletzt mit etwas Honig beträufeln.

Nährwertangaben	Pro 100 g	Pro Stück (99 g)
Brennwert	657 kJ/157 kcal	650 kJ/155 kcal
Eiweiß	3,5 g	3,5 g
Kohlenhydrate	18,5 g	18,3 g
Fett	7,5 g	7,4 g
Broteinheiten	1,5 BE	1,5 BE
Cholesterin	7,1 mg	7,0 mg

TIPP

Schüsseln erst kurz vor dem Servieren füllen, da der Teig die Creme schnell aufsaugt und weich wird.

Süßes Strudelgeheimnis

9 Portionen

Zutaten
2 Birnen
150 ml Wasser
1 EL Walnüsse
1 TL Zimt
250 g Topfen, mager
1 Pkg. Vanillezucker
1 EL Honig
1 Eiweiß
1 Packung Strudelteig für
1 Strudel = 2 Blätter
bzw. 1 halbe Menge Strudelgrundteig oder entsprechend Filo- oder Yufkateig (60 g)
2 EL Rapsöl

Backpapier für das Blech
1 Geschirrtuch

Zubereitung

Birnen schälen, entkernen, in 1 cm große Würfel schneiden und in wenig Wasser bissfest dünsten. Wasser abgießen.

Walnüsse hacken und mit Zimt unter die Birnen mengen. Topfen mit Vanillezucker und Honig verrühren. Eiweiß zu festem Schnee schlagen und gemeinsam mit den Birnen vorsichtig unter die Topfenmasse heben.

Ein Geschirrtuch befeuchten, Strudelblatt darauflegen und mit etwas Öl einstreichen.

In regelmäßigen Abständen 9 Esslöffel Topfenmasse auf den Teig verteilen.

Das zweite Strudelblatt locker darauflegen, in den Zwischenräumen andrücken. Mit einer runden Form 9 Taschen ausstechen (ca. 12 cm Durchmesser) und die Ränder festdrücken.

Taschen mit restlichem Öl bestreichen, auf ein mit Backpapier ausgelegtes Blech legen und bei 220 °C im nicht vorgeheizten Rohr 25 Minuten backen.

Nährwertangaben	Pro 100 g	Pro Stück (84 g)
Brennwert	529 kJ/126 kcal	444 kJ/106 kcal
Eiweiß	5,8 g	4,9 g
Kohlenhydrate	14,8 g	12,4 g
Fett	4,8 g	4,1 g
Broteinheiten	1,2 BE	1,0 BE
Cholesterin	0,4 mg	0,3 mg

Tipp

Selbstverständlich können Sie mit der Topfen-Birnen-Masse auch einen Strudel füllen, wenn Ihnen die Machart der Taschen zu aufwendig ist.

Cremeburger

18 Stück

Zutaten
1 Blatt Strudelteig à 30 g oder entsprechend Filo- oder Yufkateigblätter
1 EL Rapsöl
3 Blatt Gelatine
200 ml Schlagobers
1 Ei
1 Pkg. Vanillezucker
180 g Obst (z. B. Mangos, Kiwis, Orangen)

VARIANTEN

Zimt, eine Prise Kardamom, Chili- oder Nelkenpulver verleihen der Creme raffinierte Geschmacksnoten.

Zubereitung

Strudelteig (ca. 38 x 34 cm) dünn mit Öl bestreichen. Mit einer runden Form 36 Kreise (Durchmesser 5 cm) ausstechen, gleichmäßig auf ein Backblech verteilen und bei 180 °C 14 Minuten im nicht vorgeheizten Rohr backen.

Gelatineblätter in kaltem Wasser einweichen und Schlagobers steif schlagen. Das Ei mit Vanillezucker über Wasserdampf 3 Minuten schaumig aufschlagen, danach 3 Minuten kalt weiterschlagen. Schlagobers unterheben. Gelatine mit wenig Wasser in einem Topf schmelzen. Achtung: Wenn sie zu heiß wird, verliert sie ihre Gelierkraft. Die geschmolzene Gelatine in die Ei-Schlagobers-Mischung rühren und mindestens 30 Minuten kalt stellen.

Mangos in Stifte (ca. 1 x 3 cm), Kiwis in Scheiben schneiden, Orangen filetieren. Auf 18 Strudelblätter jeweils 2 Mangostifte, 1 Scheibe Kiwi oder 2 Orangenfilets setzen, etwas Creme mit einem Spritzsack auf das Obst dressieren. Mit einem Strudelblatt abdecken. Darauf aus der restlichen Creme kleine Häubchen dressieren und mit Orangenzesten, Kiwi- oder Mangostückchen dekorieren.

Nährwertangaben	Pro 100 g	Pro Stück (23 g)
Brennwert	1099 kJ/263 kcal	253 kJ/60 kcal
Eiweiß	4,6 g	1,1 g
Kohlenhydrate	12,3 g	2,8 g
Fett	21,9 g	5,0 g
Broteinheiten	1,0 BE	0,2 BE
Cholesterin	118,2 mg	27,2 mg

TIPP

Servieren Sie die Cremeburger rasch und frisch, der Strudelteig wird schnell von der Creme durchweicht.

GRUNDREZEPT

Hefeteig

Menge für
1 Portion Teig

Zutaten

500 g Vollkornmehl
½ TL Salz
1 Pkg. Trockenhefe
80 g Zucker (je nach Weiterverwendung im Rezept)
1–2 Eier
4 EL Rapsöl
125–250 ml Milch
oder Wasser

Zubereitung

Mehl, Hefe, Zucker, Eier und Salz in eine Schüssel geben. Milch erwärmen und gemeinsam mit dem Öl beifügen. Den Teig mit Knethaken von Küchenmaschine oder Mixer so lange rühren, bis er sich vom Rand löst und Blasen wirft. Mit einem Geschirrtuch abgedeckt ca. ½ Stunde rasten lassen, danach wie im jeweiligen Rezept beschrieben weiterverarbeiten.

Hefeteig

Ich persönlich mag Hefeteig besonders gern,
weil er auch mit wenig Fett herrlich schmeckt.
Körperlicher Einsatz wird auch noch gefordert:
Das Kneten ist das Geheimnis des guten Gelingens.

Britta Macho

Apfel-Zimt-Schnecken

12–14 Stück

Zutaten
300 g Vollkornmehl
2 TL Trockenhefe
1 Pkg. Vanillezucker
¼ TL Salz
1 Ei
4 EL Rapsöl
125 ml Milch
2 Äpfel
2 EL Zucker
2 TL Zimt
etwas Wasser
zum Bestreichen

Backpapier für das Blech

Zubereitung

Alle Zutaten für den Teig verkneten (siehe Grundrezept Hefeteig).

Teig zugedeckt ca. ½ Stunde rasten lassen, nochmals gut durchkneten und danach rechteckig (ca. 40 x 30 cm) ausrollen.

Äpfel vierteln, schälen, das Kerngehäuse entfernen und grob raspeln. Mit Zucker und Zimt vermischt auf dem Teig verteilen.

Teig der Länge nach einrollen und 12–14 Stücke (à 3 cm) davon abschneiden.

Die „Schnecken" auf ein mit Backpapier ausgelegtes Blech legen, etwas flach drücken und mit Wasser bestreichen.

Bei 180 °C im nicht vorgeheizten Rohr 20 Minuten backen.

Nährwertangaben	Pro 100 g	Pro Stück (64 g)
Brennwert	907 kJ/217 kcal	580 kJ/139 kcal
Eiweiß	6,2 g	3,9 g
Kohlenhydrate	30,4 g	19,5 g
Fett	7,7 g	4,9 g
Broteinheiten	2,5 BE	1,6 BE
Cholesterin	34,3 mg	22,0 mg

Nussstrudel

14 Portionen

Zutaten

Teig
250 g Vollkornmehl
2 TL Trockenhefe
25 g Zucker
Salz
1 Ei
3 EL Rapsöl
90 ml Milch

Fülle
100 g Walnüsse, gemahlen
2 Pkg. Vanillezucker
2 EL Rum
2 TL Erdbeermarmelade (3 : 1)
125 ml Milch
1 Ei zum Bestreichen

Backpapier für das Blech

Zubereitung

Aus den Zutaten nach dem Grundrezept einen Hefeteig zubereiten und mindestens 30 Minuten zugedeckt rasten lassen.

Milch mit Nüssen, Vanillezucker und Rum kurz aufkochen und dann abkühlen lassen.

Teig rechteckig ausrollen, ca. ⅔ (30 cm x 25 cm) mit Erdbeermarmelade bestreichen und Nussfülle darauf verteilen. Seitenränder einschlagen und Strudel von oben beginnend eng einrollen.

Mit der Naht nach unten auf ein mit Backpapier ausgelegtes Blech legen, mit verquirltem Ei bestreichen und bei 170 °C im nicht vorgeheizten Backrohr 50 Minuten backen.

Tipp

Statt der Nüsse eignet sich auch Mohn, vorzugsweise Weißmohn mit seinem nussartigen Aroma.

Nährwertangaben	Pro 100 g	Pro Stück (59 g)
Brennwert	1188 kJ/284 kcal	701 kJ/167 kcal
Eiweiß	8,0 g	4,7 g
Kohlenhydrate	29,7 g	17,5 g
Fett	14,6 g	8,6 g
Broteinheiten	2,5 BE	1,5 BE
Cholesterin	63,3 mg	37,3 mg

Marmeladekipferln

38 Stück

Zutaten

Teig
250 g Vollkornmehl
50 g Sauerrahm
2 TL Trockenhefe
Prise Salz
1 TL Vanillezucker
125 ml Milch

Füllung
4 EL Marillenmarmelade (3 : 1)
1 Ei zum Bestreichen

Backpapier für das Blech

Zubereitung

Mehl, Sauerrahm, Hefe, Salz, Vanillezucker und Milch zu einem Teig verarbeiten (siehe Grundrezept) und ca. ½ Stunde zugedeckt rasten lassen.

Teig halbieren und beide Teile auf jeweils eine Größe von ca. 25 x 15 cm ausrollen. Beide Hälften mit Marillenmarmelade bestreichen.

Der Länge nach einrollen und mit einer runden Form ca. 2 cm große „Kipferln" aus den Rollen ausstechen.

Auf mit Backpapier ausgelegte Bleche legen, mit Dotter bestreichen und bei 180 °C im nicht vorgeheizten Rohr 20 Minuten backen.

Nährwertangaben	Pro 100 g	Pro Stück (15 g)
Brennwert	869 kJ/208 kcal	130 kJ/31 kcal
Eiweiß	7,3 g	1,1 g
Kohlenhydrate	34,9 g	5,2 g
Fett	4,0 g	0,6 g
Broteinheiten	2,9 BE	0,4 BE
Cholesterin	35,9 mg	5,4 mg

Tipp

Frisch schmecken die Kipferln am besten. Sie können, je nach Geschmack, auch andere Marmeladesorten verwenden und diese zum Beispiel mit Zimt verfeinern.

Kärntner Reindling

25 Portionen = Springform mit 24 cm Durchmesser

Zutaten

Teig
250 ml Milch
500 g Vollkornmehl
1 Pkg. Trockenhefe
1 TL Salz
2 EL Zucker
80 ml Rapsöl
2 Eier

Füllung
4 TL Zimt
5 EL Zucker
4 EL Rosinen

Fett und Mehl für die Form

Zubereitung

Milch erwärmen und mit den Zutaten laut Grundrezept zu einem Teig verarbeiten.

Teig 1 Stunde zugedeckt an einem warmen Ort rasten lassen, danach noch einmal durchkneten.

Rosinen unter laufend lauwarmem Wasser gut abspülen.

Teig auf einer bemehlten Fläche ca. 0,5 cm dick ausrollen (50 x 50 cm), mit Zimt, Zucker und Rosinen bestreuen, schneckenförmig einrollen und in eine befettete und bemehlte Springform legen.

Bei 180 °C im nicht vorgeheizten Rohr 1 Stunde backen.

Nährwertangaben	Pro 100 g	Pro Stück (46 g)
Brennwert	1192 kJ/285 kcal	548 kJ/131 kcal
Eiweiß	7,2 g	3,3 g
Kohlenhydrate	41,2 g	18,9 g
Fett	9,9 g	4,5 g
Broteinheiten	3,4 BE	1,6 BE
Cholesterin	45,5 mg	21,0 mg

Info

Der Name „Reindling" stammt von der Rein (dem Topf), in der er früher gebacken wurde. Sie können ihn statt in der Springform auch in einem Topf (befettet und bemehlt) oder schneckenförmig direkt auf das Backblech (auf Backpapier) gelegt backen. Zu Ostern wird er in Kärnten traditionell mit Schinken und Eierkren gegessen.

SALZIG

Bagels

16 Stück

Zutaten
500 g Vollkornmehl
1 Pkg. Trockenhefe
1 TL Salz
300 ml Wasser, lauwarm
2 EL Rapsöl
1 EL Honig, für das Kochwasser
1 Ei zum Bestreichen

Backpapier fürs Blech

Zubereitung

Mehl mit Trockenhefe vermischen. Salz, lauwarmes Wasser und Öl hinzufügen und zu einem Hefeteig verkneten (siehe Grundrezept). 1 Stunde rasten lassen. Arbeitsfläche dünn mit Mehl bestauben und ein Backblech mit Backpapier auslegen. Teig zu 16 Kugeln formen. Mit einen Kochlöffelstiel in jede Kugel ein Loch durch die Mitte bohren und durch kreisende Bewegungen vorsichtig erweitern (4 cm).

Bagels mit ausreichend Abstand (sie gehen noch auf) nebeneinander auf das Blech legen. Abdecken und wieder eine halbe Stunde rasten lassen.

Einen breiten Topf zur Hälfte mit Wasser füllen, Honig dazugeben und alles leicht zum Kochen bringen. Jeweils zwei Bagels mit der Oberseite nach unten in das kochende Wasser legen, etwa 30 Sekunden ziehen lassen, umdrehen und nochmals ziehen lassen.

Mit einem Schaumlöffel herausnehmen, kurz abtropfen lassen und auf das Blech legen. Mit Ei bestreichen und bei 220 °C im nicht vorgeheizten Rohr 20 Minuten backen.

Nährwertangaben	Pro 100 g	Pro Stück (55 g)
Brennwert	866 kJ/207 kcal	476 kJ/114 kcal
Eiweiß	7,3 g	4,0 g
Kohlenhydrate	34,6 g	19,0 g
Fett	4,1 g	2,3 g
Broteinheiten	2,9 BE	1,6 BE
Cholesterin	18,9 mg	10,4 mg

Tipp

Sie können die Bagles süß oder pikant essen – die klassische Variante ist eine Füllung mit Frischkäse. Sie schmecken etwas intensiver, wenn man sie vor dem Backen dünn mit Sesam oder Mohn bestreut.

Striezel

1 Striezel = 15 Scheiben

Zutaten

500 g Dinkelvollkornmehl
2 Pkg. Vanillezucker
4 EL Zucker
½ TL Salz
1 Pkg. Trockenhefe
1 Ei
250 ml Milch
60 ml Rapsöl
1 Ei zum Bestreichen

Backpapier fürs Blech

Zubereitung

Zutaten nach dem Grundrezept zu einem geschmeidigen Teig verkneten. Teig in 3 gleich große Stücke teilen und diese mindestens ½ Stunde zugedeckt rasten lassen.

Nochmals gut durchkneten, zu 3 gleich langen Rollen formen und daraus einen Striezel flechten, die Enden jeweils kurz umschlagen.

Striezel auf ein mit Backpapier ausgelegtes Blech legen, mit verquirltem Ei bestreichen und wieder eine ½ Stunde rasten lassen.

Danach bei 180 °C im nicht vorgeheizten Rohr 30 Minuten backen. Stäbchenprobe nicht vergessen.

Tipp

Aus dem Teig lassen sich auch mehrere Ministriezel oder Knöpfe formen.

Nährwertangaben	Pro 100 g	Pro Stück (66 g)
Brennwert	1153 kJ/275 kcal	761 kJ/182 kcal
Eiweiß	7,9 g	5,2 g
Kohlenhydrate	39,6 g	26,1 g
Fett	9,3 g	6,2 g
Broteinheiten	3,3 BE	2,2 BE
Cholesterin	40,5 mg	26,8 mg

SALZIG

Karottenbrot „Ciabatta“

2 Brote = 30 Stück

Zutaten

Vorteig
7 g Hefe, frisch
275 ml Wasser
400 g Vollkornmehl

Hauptteig
14 g Hefe, frisch
150 ml Wasser
250 g Vollkornmehl
2 TL Salz
20 ml Rapsöl
4 Karotten (160 g)

Backpapier für das Blech

Zubereitung

Für den Vorteig die Hefe in Wasser auflösen, mit Mehl vermengen und mindestens 12 Stunden abgedeckt (am besten über Nacht) gehen lassen.

Karotten schälen und raspeln. Für den Hauptteig die Hefe in Wasser auflösen und mit Mehl und Vorteig verkneten. Salz, Öl und Karotten dazugeben, nochmals gut durchkneten und 1 Stunde rasten lassen.

2 Brotlaibe formen, auf ein mit Backpapier ausgelegtes Blech legen, mit Wasser bestreichen und im nicht vorgeheizten Rohr bei 220 °C 35 Minuten backen. Stäbchenprobe nicht vergessen.

Tipp

Statt Karotten können Sie auch geraspelten Sellerie, klein gehackte Oliven oder ein paar fein gehackte Knoblauchzehen unter den Teig mischen.

Nährwertangaben	Pro 100 g	Pro Stück (43 g)
Brennwert	743 kJ/177 kcal	319 kJ/76 kcal
Eiweiß	6,3 g	2,7 g
Kohlenhydrate	31,3 g	13,5 g
Fett	2,8 g	1,2 g
Broteinheiten	2,6 BE	1,1 BE
Cholesterin	0,0 mg	0,0 mg

Winterliches

Winterliches. Ein Must: die kleine feine Auswahl für kalte Zeiten. Sie macht trübe Tage herrlich gemütlich und das Backen macht mir dann auch so richtig Spaß!

Britta Macho

Polsterzipf

58 Stück

Zutaten
150 g Topfen, mager
150 g Vollkornmehl
50 g Margarine
3 EL Marmelade
1 Ei zum Bestreichen

Backpapier für das Blech

Zubereitung
Topfen, Mehl und Margarine zu einem Teig verkneten, in Folie wickeln und im Kühlschrank ca. ½ Stunden rasten lassen.

Teig auf der Arbeitsfläche ca. 2 mm dick ausrollen und Quadrate (jeweils 4 x 4 cm) ausschneiden. In die Mitte jedes Quadrats eine Messerspitze Marmelade setzen und „übers Eck" zu Dreiecken falten. Ränder gut festdrücken.

Auf ein mit Backpapier ausgelegtes Blech legen und mit Ei bestreichen.

Vorgang wiederholen, bis der Teig aufgebraucht ist.

Anschließend bei 200 °C im nicht vorgeheizten Rohr ca. 15–20 Minuten backen.

Nährwertangaben	Pro 100 g	Pro Stück (8 g)
Brennwert	1074 kJ/257 kcal	86 kJ/21 kcal
Eiweiß	9,0 g	0,7 g
Kohlenhydrate	30,0 g	2,4 g
Fett	11,0 g	0,9 g
Broteinheiten	2,5 BE	0,2 BE
Cholesterin	44,3 mg	3,5 mg

Tipp

Nehmen Sie zum Ausschneiden eine 4 x 4-cm-Schablone zur Hilfe, damit gelingt es schneller und die Quadrate werden gleichmäßiger.

Früchtebrot

2 Brote = 40 Stück

Zutaten
50 g Rosinen
50 g Walnüsse
50 g Feigen, getrocknet
50 g Kletzen (Birnen, getrocknet)
50 g Marillen, getrocknet
100 ml Rum
250 g Weizen-Vollkornmehl
250 g Roggen-Vollkornmehl
2 TL Trockenhefe
0,5 TL Salz
1 TL Zimt
1 TL Lebkuchengewürz
190 ml Wasser

Backpapier fürs Blech
Wasser zum Einstreichen

Zubereitung

Feigen, Kletzen und Marillen klein schneiden und mit Rosinen und Walnüssen über Nacht in Rum (bzw. in Orangensaft) einweichen.

Weizenmehl, Roggenmehl, Hefe, Salz, Zimt, Lebkuchengewürz und Wasser zu einem weichen Teig verkneten. An einem warmen Ort ca. 5 Stunden zugedeckt rasten lassen.

Früchte untermengen und nochmals ca. 3 Stunden gehen lassen.

Aus dem Teig zwei gleich große Laibe formen, auf ein mit Backpapier ausgelegtes Blech legen und erneut etwa 3 Stunden gehen lassen.

Laib mit einer Gabel in regelmäßigen Abständen anstechen, mit Wasser bestreichen und bei 200 °C 5 Minuten, dann bei 180 °C 1 Stunde backen. Stäbchenprobe nicht vergessen.

Tipp

Am besten widmen Sie sich diesem Rezept an einem ruhigen Wochenende, da seine Zubereitung etwas zeitaufwendig ist – die Mühe lohnt allerdings bestimmt!

Nährwertangaben	Pro 100 g	Pro Stück (24 g)
Brennwert	1077 kJ/257 kcal	258 kJ/72 kcal
Eiweiß	7,1 g	1,7 g
Kohlenhydrate	45,3 g	10,9 g
Fett	4,7 g	1,1 g
Broteinheiten	3,8 BE	0,9 BE
Cholesterin	0,0 mg	0,0 mg

Walnusskipferln

48 Stück

Zutaten
50 g Walnüsse, gerieben
250 g Vollkornmehl
100 g Margarine
1 Ei
50 g Puderzucker
2 EL kaltes Wasser

Backpapier für das Blech

Zubereitung
Alle Zutaten in der Küchenmaschine, dann mit der Hand zu einem Teig verkneten. Wenn nötig 1 EL Wasser zufügen.

Teig zu einer Rolle formen und ca. 2 cm dicke Scheiben davon abschneiden. Diese wieder jeweils zu einer Rolle formen und in gleich große Stücke schneiden.

Daraus Kipferln formen und auf ein mit Backpapier ausgelegtes Blech setzen.

Bei 200 °C im nicht vorgeheizten Rohr ca. 20 Minuten backen.

Nährwertangaben	Pro 100 g	Pro Stück (11 g)
Brennwert	1684 kJ/402 kcal	185 kJ/44 kcal
Eiweiß	8,2 g	0,9 g
Kohlenhydrate	38,7 g	4,3 g
Fett	24,0 g	2,6 g
Broteinheiten	3,2 BE	0,4 BE
Cholesterin	48,0 mg	5,3 mg

Mohnzelten

10 Portionen

Zutaten

Teig
150 g Kartoffeln
(ca. 2 mittlere oder 3 kleine)
250 g Vollkornmehl
1 EL Rapsöl
1 EL Sauerrahm
1 Ei
1 EL Zucker
½ TL Salz
½ Pkg. Trockenhefe

Füllung
180 ml Milch
125 g Mohn gemahlen
oder gequetscht
½ EL Rum
½ TL Zimt
1 EL Zwetschkenmarmelade (3 : 1)
1 EL Zucker

Backpapier für das Blech

Zubereitung

Kartoffeln in der Schale kochen, noch warm schälen und durch die Kartoffelpresse drücken. Mit allen restlichen Zutaten zu einem Teig verkneten und an einem warmen Ort mindestens 2 Stunden rasten lassen.

Für die Fülle Milch aufkochen und restliche Zutaten einrühren, kurz aufkochen und danach 10 Minuten überkühlen. Wenn Kinder mitessen, Rum weglassen und durch Orangensaft ersetzen.

Teig nach dem Rasten nochmals gut durchkneten, zu einer Rolle formen und in 10 gleich große Stücke schneiden. Daraus Kugeln formen, diese flach drücken und ca. 0,2 cm dick ausrollen (ca. 12 x 12 cm). Jeweils 1 EL Fülle daraufsetzen und alle 4 Seiten darüber kreisförmig zusammendrücken. Mit der Naht nach unten auf das Blech legen, etwas flach drücken und mehrmals mit einer Gabel einstechen.

Bei 180 °C im nicht vorgeheizten Rohr von beiden Seiten (dadurch geht der Teig gleichmäßig auf) jeweils 15 Minuten backen.

Nährwertangaben	Pro 100 g	Pro Stück (84 g)
Brennwert	969 kJ/231 kcal	814 kJ/194 kcal
Eiweiß	8,5 g	7,1 g
Kohlenhydrate	25,3 g	21,2 g
Fett	10,6 g	8,9 g
Broteinheiten	2,1 BE	1,8 BE
Cholesterin	33,2 mg	27,9 mg

Tipp

Falls der Teig in der Küchenmaschine stark bröselt, kneten Sie ihn auf der Arbeitsfläche mit der Hand zu einem festen Teig.

Orangen-Topfen-Torte

16 Portionen = Springform mit 24 cm Durchmesser

Zutaten

Teig
2 Orangen, unbehandelt
4 EL Rapsöl
500 g Topfen, mager
2 EL Weizengrieß
2 Eier
100 g Zucker
½ Pkg. Backpulver
1 Pkg. Vanillepuddingpulver

Belag
2 Orangen
20 g Maroni
Zimt

Fett und Mehl für die Form

Zubereitung

Orangen heiß waschen. Aus der Schale einer Orange Zesten schneiden oder mit einer feinen Reibe abraspeln. Orangen filetieren und dabei den austretenden Saft auffangen.

Rapsöl, Topfen, Grieß, Eier, Zucker, Backpulver, Vanillepuddingpulver, Orangen und Orangensaft gut miteinander verrühren.

Masse in eine befettete und bemehlte Springform füllen, glatt streichen und im nicht vorgeheizten Rohr bei 160 °C 1 Stunde backen.

Torte mit filetierten Orangen und gehackten Maroni dekorieren, danach mit Zimt bestauben.

Tipp

Anstelle der Maroni können Sie auch gehackte Nüsse verwenden.

Nährwertangaben	Pro 100 g	Pro Stück (87 g)
Brennwert	544 kJ/130 kcal	466 kJ/111 kcal
Eiweiß	6,1 g	5,2 g
Kohlenhydrate	16,9 g	14,5 g
Fett	4,0 g	3,4 g
Broteinheiten	1,4 BE	1,2 BE
Cholesterin	30,4 mg	26,1 mg

Christstollen

3 Stollen = 60 Stück

Zutaten

50 g Rosinen
500 g Vollkornmehl
1 Pkg. Trockenhefe
Prise Salz
2 EL Zucker
100 g Orangeat
50 g Zitronat (Sukkade)
50 g kandierte Kirschen
1 TL Kardamom
1 TL Zimt
60 ml Rapsöl
2 Eier
190 ml Milch

1 EL Puderzucker
zum Bestreuen

Zubereitung

Rosinen waschen. Alle trockenen Zutaten vermengen, Öl, Eier und lauwarme Milch hinzufügen und zu einem Hefeteig kneten (siehe Grundrezept).

Teig ca. 2 Stunden rasten lassen, in 3 gleich große Teile schneiden und diese jeweils 2 cm dick (25 x 20 cm) ausrollen. Jeweils der Länge nach zu ⅔ einrollen.

Christstollen auf ein mit Backpapier ausgelegtes Blech legen.

Nochmals ½ Stunde rasten lassen und bei 180 °C 40 Minuten backen. Stäbchenprobe nicht vergessen.

Nach dem Auskühlen mit wenig Puderzucker bestreuen. Christstollen vor dem Verzehr noch einige Tage lagern lassen. Vor dem Servieren in ca. 1 cm dicke Scheiben schneiden.

Tipp

Der Christstollen ist ein wunderbares Mitbringsel zu vorweihnachtlichen „Adventskränzchen".

Nährwertangaben	Pro 100 g	Pro Stück (19 g)
Brennwert	1191 kJ/284 kcal	226 kJ/54 kcal
Eiweiß	7,0 g	1,3 g
Kohlenhydrate	44,5 g	8,5 g
Fett	8,4 g	1,6 g
Broteinheiten	3,7 BE	0,7 BE
Cholesterin	44,4 mg	8,4 mg

Lebkuchen

90 Stück = bei Formen mit einem Durchmesser von ca. 5 cm

Zutaten
380 g Roggen-Vollkornmehl
100 g Zucker
3 TL Natron
2 TL Zimt
3 TL Lebkuchengewürz
1 EL Honig = 20 g
4 Eier
1 Ei zum Bestreichen

Backpapier für das Blech

Zubereitung
Alle Zutaten zu einem Teig verkneten, auf einer bemehlten Arbeitsfläche ca. 2 mm dick ausrollen und nach Belieben Formen ausstechen.

Lebkuchen mit Ei bestreichen und bei 200 °C im nicht vorgeheizten Rohr 15–20 Minuten backen.

Die Lebkuchen eignen sich am besten zum sofortigen Verzehr.

Nährwertangaben	Pro 100 g	Pro Stück (9 g)
Brennwert	1091 kJ/261 kcal	98 kJ/23 kcal
Eiweiß	9,1 g	0,8 g
Kohlenhydrate	44,5 g	4,0 g
Fett	4,8 g	0,4 g
Broteinheiten	3,7 BE	0,3 BE
Cholesterin	174,4 mg	13,3 mg

Tipp

Sie können die Lebkuchen vor dem Backen mit halbierten Mandeln belegen und/oder mit einer weißen Spritzglasur verzieren. Dafür 1 Eiweiß mit 120 g Zucker verrühren, einen Spritzer Zitronensaft dazugegeben, 3 EL davon in einen Spritzsack füllen – und los geht's! Lebkuchen danach trocknen lassen.
PS: In diesem Fall rechnen Sie pro Stück noch 0,06 BE und 2 kcal dazu.

Mürbe Kekse

46 Stück

Zutaten
80 g Margarine
50 g Zucker
1 Ei
250 g Vollkornmehl
½ TL Backpulver
2 EL Vollmilch
2 EL Erdbeermarmelade (3 : 1)
20 g Sonnenblumenkerne

Backpapier für 2 Bleche
Mehl für die Arbeitsfläche

Zubereitung

Margarine mit Zucker schaumig rühren, das Ei zufügen und weiterschlagen. Mehl mit Backpulver vermengen und mit der Milch unter die Margarine-Zucker-Ei-Masse mengen (am besten mit den Knethaken von Küchenmaschine oder Handmixer).

Den Teig auf einer bemehlten Arbeitsfläche dünn ausrollen (ca. 2 mm) und insgesamt 46 Kreise (oder andere Formen) mit einem Durchmesser von 5 cm ausstechen und auf mit Backpapier ausgelegte Bleche legen.

Jeweils dünn mit Erdbeermarmelade bestreichen, mit Sonnenblumenkernen bestreuen und im nicht vorgeheizten Rohr bei 220 °C 20 Minuten backen.

Nährwertangaben	Pro 100 g	Pro Stück (11 g)
Brennwert	1500 kJ/358 kcal	165 kJ/39 kcal
Eiweiß	7,8 g	0,9 g
Kohlenhydrate	42,8 g	4,7 g
Fett	17,2 g	1,9 g
Broteinheiten	3,6 BE	0,4 BE
Cholesterin	41,8 mg	4,6 mg

Tipp

Sie können den Teig auch als Grundlage für Mürbteigkuchen, Tartes oder mürbe Strudel verwenden.

Kleiner Küchendolmetscher

Abtrieb bereiten .... Dotter, Fett und Zucker schaumig rühren
Aprikotieren .... bestreichen mit Marillen-/Aprikosenmarmelade
Blanchieren .... kurz in kochendes Wasser geben, abgießen und kalt abschrecken (am besten in Eiswasser)
Dotter .... Eigelb
Guglhupfform .... Napfkuchenform
Karotte .... Möhre
Kletzen .... getrocknete Birnen
Marille .... Aprikose
Marmelade .... Konfitüre
Maroni .... Esskastanie
Orange .... Apfelsine
Sauerrahm .... saure Sahne
Schlagobers .... Schlagsahne
Stäbchenprobe .... mit einem Holzstab, z. B. Schaschlikspieß, bis zur Mitte des Backwerks einstechen. Wenn keine Teigreste an dem herausgezogenen Stab kleben, ist der Kuchen (o. Ä.) fertig. Sollte etwas Teig am Stab kleben, die Garzeit um 5 Minuten verlängern und danach nochmals die Stäbchenprobe durchführen.
Ribisel .... Johannisbeere
Topfen .... Quark
Trocken rösten ... etwas bei großer Hitze ohne Fett unter ständigem Rühren bräunen
Weichsel .... Sauerkirsche
Zesten .... ganz feine Streifen
Zwetschke .... Pflaume
Zwetschkenmarmelade ..... Pflaumenmarmelade

Kleines Küchenlexikon

Abkürzungen/Begriffe
Pkg. .... Packung
EL .... Esslöffel
TL .... Teelöffel

Rezepte von A bis Z

Wichtige Links: Diabetesgesellschaften, Verbraucherportale

- Österreichische Diabetesgesellschaft – ÖDG
  http://www.oedg.org
- Deutsche Diabetes Gesellschaft – DDG
  http://www.deutsche-diabetes-gesellschaft.de
- Österreichische Gesellschaft für Ernährung – ÖGE
  http://www.oege.at
- Deutsche Gesellschaft für Ernährung – DGE
  http://www.dge.de
- forum. ernährung heute –
  Verein zur Förderung von Ernährungsinformationen
  http://www.forum-ernaehrung.at
- aid infodienst
  http://www.aid.de, http://www.waswiressen.de
- Fonds Gesundes Österreich
  http://www.gesundesleben.at
- Deutscher Süßstoffverband
  http://www.suessstoff-verband.de

Verwendete Literatur

- aid infodienst: Zucker, Sirupe, Honig, Zuckeraustauschstoffe und Süßstoffe, Köln 2007
- Deutsche Gesellschaft für Ernährung (DGE) e. V.: Glykämischer Index und glykämische Last – ein für die Ernährungspraxis des Gesunden relevantes Konzept? Teil 1 und 2, Ernährungs-Umschau 51 (2004), Heft 3 und Heft 4
- Macho, Britta; Schlag, Tina: Das neue Diabetiker-Kochbuch, av Buch, Wien 2010
- Ploeger, Angelika: Auf den Geschmack gekommen? Ernährungs-Umschau 7/2009

Dank

an Sabine Forstner, die wieder ihren Geschirrschrank für uns geöffnet hat, Eveline Bach für Blüten und Kräuter und Ursula Umfahrer-Pirker, Christoph Hammer, Sonja Reiselhuber-Schmölzer und Tinas Mama für die Unterstützung bei der Rezeptfindung und der Verkostung der daraus entstandenen Produkte.

Bildquellen

Umschlag und Inhalt: Miguel Dieterich
Ausgenommen:
S. 6 oben: Foto Wilke, Wien, www.wilke.at
S. 6 unten: Anita Troller, Zürich
Grafik S. 11:
- aid Infodienst: Die aid-Ernährungspyramide http://www.aid.de/shop

Grafiken S. 8:
- Hantsch und Jesch PrePress Services OG

Impressum

Druck- und Verlagsges. m. b. H. Nfg. KG
Sturzgasse 1a, A-1140 Wien
E-Mail: buch@avbuch.at, Internet: www.avbuch.at

Deutsche Nationalbibliothek – CIP-Einheitsaufnahme
Die Deutsche Nationalbibliothek verzeichnet diese Publikation in der Deutschen Nationalbibliografie; detaillierte bibliografische Daten sind im Internet über http://dnb.ddb.de abrufbar.

Projektleitung: Milena Bendotti, avBUCH
Redaktion: Nina Kaltenbrunner, Wien
Umschlag & Layout: Ravenstein + Partner, Verden
Satz: armanda,geisler Wien
Bildreproduktion: Miguel Dieterich, Wien
Hantsch und Jesch PrePress Services OG, Wien

Druck und Bindung:
Grafisches Centrum Cuno GmbH & Co. KG, Calbe
Printed in Germany

ISBN: 978-3-7040-2387-2